KB162786

왜 묘청은 서경 천도를 주장했을까?

교과서 속 역사 이야기, 법정에 서다

16
역사공화국 한국사법정

묘청 vs 김부식

왜 묘청은 서경 천도를 주장했을까?

글 이윤섭 | 그림 황기홍

(주)자음과모음

책머리에

역사에는 참으로 많은 사건과 인물이 나옵니다. 많은 사람들이 역사를 어렵게 생각하는 큰 이유가 여기에 있지요. 그 많은 사건과 인물에 대해 일일이 알고 외우기는 쉽지 않은 일이라 생각하지요.

그러나 재미있는 장편 소설이나 드라마 내용을 줄줄이 꿰는 학생들도 많은 것을 보면 꼭 그렇게 생각할 필요가 없습니다. 역사에도 소설처럼 큰 줄거리가 있기 때문이지요. 이러한 줄거리를 바탕으로 역사를 열린 마음으로 읽는다면 그 복잡하고 다양한 사건들도 일목요연하게 다가올 것입니다.

그런데 지금 이 글을 읽고 있는 청소년 여러분은 고려 시대를 떠올리면 어떤 역사적 사건이 가장 먼저 생각나나요? 아마도 강참찬의 귀주 대첩을 비롯해 묘청의 난, 무신 정권, 삼별초의 난 등을 첫손가락에 꼽을 것입니다. 이 책에서는 그러한 사건 중 하나로 고려 중기의 대사건인 '묘청의 난'을 다루었습니다.

묘청의 난은 단순히 고려의 수도를 개경에서 서경으로 옮기자는 천도론에서 일어난 사건이 아닙니다. 고려의 대외 정책 방향, 사상적 갈등, 여러 정치 세력의 갈등 등 복합적 요인이 한데 얽혀 일어난 일입니다. 더구나 국제 정세의 대변환이라는 배경을 두고 일어난 사건이므로 독자들이 염두에 두어야 할 점이 여러 가지입니다. 묘청의 난 전후 과정을 잘 이해하면 고려사 전체에 대한 맥락을 잡는 데 큰 도움이 됩니다.

청소년들이 이해하기에 좀 어려운 부분도 있습니다마는, 재판 형식으로 다룬 것이 그 다양한 측면을 이해하는 데 도움이 될 것입니다. 어렵게 느껴지는 역사 용어도 한자 뜻을 알면 오히려 평이하게 풀어 쓰는 것보다 더 이해하기 쉽습니다. 역사 공부는 재미있는 이야기를 즐겁게 읽는 것이 유익한 자세입니다. 청소년 여러분이 이 책을 통해 한국사에 더 친숙해지기를 바랍니다.

이윤섭

차례

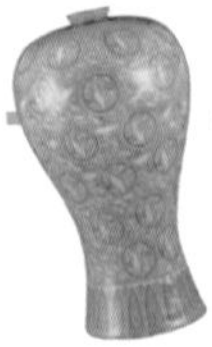

삼국사기

교과서
에는

고려 귀족은 대대로 높은 관직과 권력을 독차지하여 문벌을 이루었고 이들은 왕실과 혼인하여 더욱 세력을 키웠다. 특히 문벌 귀족 가운데 이자겸은 최고의 권력자가 되었다. 이에 위협을 느낀 인종은 이자겸을 없애려고 하였으나 이를 눈치챈 이자겸이 난을 일으켜 궁궐까지 불태우고 만다. 이자겸의 난으로 궁궐이 불타자 묘청, 정지상 등의 서경 세력은 서경으로 수도를 옮기자고 주장하였다.

중학교 | 역사

IV. 고려의 성립과 변천
2. 무신 정권의 성립
(1) 정치적 위기에 직면한 고려

서경 출신 승려 묘청과 문신 정지상 등은 인종에게 '고려를 황제국이라 칭하고, 독자의 연호를 사용하며, 금을 정벌할 것'을 건의하였다. 또한 서경으로 수도를 옮기자는 묘청의 말에 인종은 귀를 기울였다. 그러나 개경의 정치 세력이 서경 천도를 강력하게 반대하자 묘청 등은 반란을 일으킨다. 이 난은 김부식이 이끄는 관군에게 1년 만에 진압된다.

일부 호족과 6두품 계열의 유학자들이 문벌 귀족을 형성하였다. 한편 과거를 통해 중앙에 진출한 지방 출신 신진 관리들은 문벌 귀족에 반감을 가지고 이들과 대립하였다. 이자겸의 난과 묘청의 서경 천도 운동은 이런 상황에서 일어났다.

고등학교	한국사	II. 고려와 조선의 성립과 발전 1. 민족을 재통일하여 발전한 고려 (3) 문벌 귀족 사회가 동요하다

고려 사회는 12세기 이후 점차 변동하였다. 권세가들에게 토지를 빼앗겨 생계가 어려워지고 무거운 조세 부담에 시달린 백성들이 결국 고향을 등지는 현상까지 일어났다. 이런 상황에서 풍수지리설이 성행하기도 했다.

한국사 연표

901년	궁예, 후고구려 건국
918년	왕건, 고려 건국
926년	발해 멸망
935년	신라 멸망
936년	고려, 후삼국 통일
958년	광종, 과거제도 실시
976년	전시과 실시
983년	전국에 12목 설치, 3성 6부 정함
1009년	강감찬, 귀주대첩
1076년	의천, 교장도감 세우고 속장경 조판
1107년	윤관, 여진 정벌
1126년	이자겸의 난
1135년	묘청, 서경 천도 운동 추진
1145년	김부식, 『삼국사기』 편찬
1170년	무신 정변
1179년	경대승, 도방 정치 펼침
1196년	최충헌 집권
1198년	만적의 난
1231년	몽골, 1차 침입
1234년	금속 활자로 『상정고금예문』 간행
1236년	팔만대장경 판각
1270년	개경 환도 삼별초, 대몽 항쟁

세계사 연표

907년	당 멸망, 5대 10국 시대(~960)
916년	거란, 요 건국(~1125)
960년	중국, 송 건국(~1227)
962년	신성로마제국 건국
987년	프랑스, 카페 왕조 성립
1077년	카노사의 굴욕
1084년	사마광, 『자치통감』 편찬
1096년	십자군 원정 시작
1115년	여진, 금 건국(~1234)
1127년	북송 멸망, 남송 건국(~1279)
1152년	신성로마제국, 프리드리히 1세 즉위
1192년	일본, 가마쿠라 막부 수립
1204년	십자군, 콘스탄티노플 약탈
1206년	몽골 테무친, 칭기즈 칸이 됨
1215년	영국, 마그나카르타 제정
1241년	한자 동맹 성립
1254년	신성로마제국, 대공위 시대(~1273)
1271년	원 건국(~1368)
1299년	오스만 제국 성립(~1922) 마르코폴로, 『동방견문록』 출간

등장인물

원고 **묘청(?~1135년)**

12세기 초반의 고려는 이자겸의 난으로 왕실의 권위가 땅에 떨어져 있었소. 게다가 개경파가 권력을 마음대로 휘두르며 금나라에 사대할 것을 주장했다오. '서경 천도'를 주장한 나, 묘청이야말로 고려의 자주성을 찾고자 했던 충신이라오.

원고 측 변호사 **김딴지**

조선 시대 독립운동에 앞장 섰던 단재 신채호 선생은 묘청의 난을 가리켜, '조선 역사상 1천 년래 제1 대사건'이라고 말했지요. 묘청의 난의 의의를 제대로 보여 주겠습니다.

원고 측 증인 **이자겸**

나는 인종의 장인이자 외할아버지로 한때 남부러울 것 없는 권력을 휘둘렀소. 부하이던 척준경이 인종의 명을 받아 나를 죽인 것은 아직도 한스러운 일이라오.

원고 측 증인 **정지상**

나는 서경 출신으로 척준경을 몰아 낸 공로로 출세했지요. 묘청과 함께 풍수지리설을 근거로 서경 천도를 주장했지만, 억울하게도 피고 김부식에게 죽임을 당했소이다.

원고 측 증인 **신채호**

나는 묘청의 서경 천도 운동이야말로 우리나라 역사상 일대 사건이라 생각하오.

피고 **김부식(1075년~1151년)**

서경으로 도읍을 옮기자고? 금나라를 정벌하자고? 당시 떠오르는 강대국이던 금나라를 섣불리 공격했다면 고려는 순식간에 무너지고 말았을 거요. 내가 묘청의 난을 진압한 것은 후대에도 길이 남을 위대한 업적이라오.

피고 측 변호사 **이대로**

피고 김부식을 비롯한 고려의 유학자들이 사대사상에 물든 못난 인물이었다고요? 나는 이번 재판에서 김부식이야말로 합리적인 외교를 펼쳤던 충신이었음을 밝힐 겁니다.

피고 측 증인 **인종**

어린 나이에 왕이 된 나, 인종은 이자겸의 난과 묘청의 난을 겪으며 그야말로 어지럽던 시대를 견뎌 냈다오. 이번 재판에서 당시 상황을 속속들이 보여 드리리다.

피고 측 증인 **왕건**

내가 고구려를 계승해 고려를 세운 뒤 고구려 옛 땅을 회복하고자 북진 정책을 펼쳤는데, 나라 안의 힘을 기른 후 적을 공격하는 것이 맞다고 생각하오.

판사 **정역사**

에헴~ 고려 시대에 웬 사건이 이리도 많은지. 암튼 이번 재판도 나, 정역사의 명판결을 기대하시라고요.

프롤로그

"묘청의 난의 진실을 밝히고야 말겠소"

영웅의 마을과 패자의 마을이 어깨를 나란히 하고 있는 역사공화국. 그중 패자의 마을에는 늘 우울한 기운이 감돌았는데, 오늘은 어찌 된 일인지 떠들썩한 분위기가 넘쳐흘렀다.

패자의 마을 가운데에 있는 신단수라는 곳은 마을 사람들이 의논할 일이 생길 때마다 즐겨 찾는 집회 장소로 오늘도 많은 사람들이 북적거리고 있었다. 한 사람이 그 가운데 서서 사람들에게 울분을 토하고 있었다.

"오늘날 지상 세계의 사람들은 묘청 스님을 가리켜 '간신'이라고 부른답니다. 괴이한 도술로 임금의 판단력을 흐리고 요설로 꾀어냈다고 하니 어찌 분하지 않겠소?"

"우리도 반역죄로 패자의 마을에 들어오게 됐으니 참으로 기막힌

노릇이오."

"우리는 서경으로 도읍을 옮기는 데 찬성했을 뿐이오."

"비록 난을 일으키는 데 동조하기는 하였으나, 반란군이라는 오명을 쓰고는 억울해서 못살겠소. 우리도 누명을 벗을 때가 됐어요."

사람들의 말을 가만히 듣고 있던 승려는 지팡이를 짚고 천천히 일어섰다. 다름아닌 묘청이었다. 묘청이 자리에서 일어나자 모두 입을 다물었다.

"우리가 난을 일으킨 것은 나라를 위하는 마음에서였소. 일찍이 고려 태조께서도 서경을 도읍지로 생각해 볼 것을 당부하셨소. 서경은 도읍지로 정해도 될 만큼 수려하고 융성한 기운이 넘치는 곳이었기 때문이오. 이자겸의 난으로 나라의 기운이 쇠한 개경을 버리고 서경으로 도읍을 옮겼다면, 고려가 무신 정변이나 한낱 조무래기에 불과했던 이성계의 쿠데타에 의해 멸망하지는 않았을 것이오. 이 모두 때를 잘못 만난 탓이니 누굴 탓하겠소."

묘청의 말에 모두 고개를 끄덕였다.

"역사는 우리를 패배자로, 반란군으로, 대역 죄인으로 몰고 있소. 그러나 우리는 순수한 사람들이오. 온갖 세도를 누리며 금나라의 눈치나 보던 개경파와는 비교도 할 수 없지요. 왕의 권위를 되살리기 위해 도읍을 옮기고 황제로 높여 부르자는 게 큰 허물이 되는 일은 아니잖소. 게다가 금나라를 쳐서 고구려의 옛 기상을 되살리자는 것은 우리 백성에게 꿈과 희망을 주는 주장이었소. 그런데도 김부식을 비롯한 개경파는 제 밥그릇 뺏기는 게 두려워서 사사건건

개경을 버리고
서경으로 도읍을
옮기자는 것은
올바른 선택이었소!
옳소! 감히
묘청 선사님을
'간신'이라고 부르다니,
말도 안 되지요.
반란군이라는
누명을 쓰고는
더 이상 살 수 없소!
김딴지 변호사를
찾아가 보자고!

우리를 반대하고 나섰소. 게다가 서경에서 난이 일어났을 때도 왕의 명령을 무시하고 무리하게 진압해 나라의 힘이 결국 분열되는 결과를 낳았소."

묘청의 주장은 막힘이 없었다.

"나는 얼마 전 우연히 오늘날 지상 세계의 재판은 우리가 살던 때와는 다르게 진행된다는 걸 알게 됐소. 역사공화국 한국사법정에 서면 우리 대신 변호사가 우리 입장을 대변해 줄 것이오. 그러면 판사가 옳고 그름을 따져 판결을 내린다고 하오. 우리가 김부식을 비롯한 개경파를 법정에 세우면 어떻겠소? 그러면 일명 '묘청의 난'으로 불리는 서경 사람들의 사회 운동에도 사람들의 관심이 쏠릴 것이고, 김부식의 잘못된 역사 인식과 강경 진압도 그에 맞는 적당한 처벌을 받을 것이오."

사람들은 고려 시대에 그랬듯이 이번에도 묘청의 말에 굳은 신뢰를 보였다.

묘청은 한국사법정의 변호사 중 누굴 찾아야 할지 정확히 알고 있었다. 바로 '딴죽 걸기의 명수' 김딴지 변호사였다.

김딴지 변호사는 묘청이 가져온 고소장을 흥미롭게 읽어 내려갔다. 그리고 며칠 뒤, 건너편 승자의 마을에서는 화가 나 흥분한 김부식의 목소리가 들려왔다.

"이, 이런 괘씸한지고! 감히 요사스런 간신이 나와 개경파를 고소해? 적반하장도 유분수지, 살아서도 나를 괴롭히더니 죽어서도 가만히 안 두는군. 어디 한번 해 보자는 거야?"

김부식은 화가 나서 책상을 내리치며 분노의 목소리를 높였다. 한 손에는 고소장을 들고 부들부들 떨고 있었다. 고소인의 이름은 바로 묘청! 김부식은 부글부글 끓어오르는 마음을 애써 달랬다.

김부식은 그날 저녁 개경파 회의를 소집했다. 부름을 받고 몰려든 개경파는 화가 난 김부식의 얼굴을 보고 찔끔했다.

"땡중 묘청 녀석이 날 고소했소! 이게 말이 된다고 생각하오?"

김부식이 고소장을 방바닥에 던지며 버럭 소리를 질렀다. 그 자리에 모인 사람들은 고소장을 돌아 가며 읽더니 다들 어이가 없어 했다. 그런데 그때 한 사람이 이렇게 말했다.

"어쩌면 이게 좋은 기회가 될 수도 있다고 생각합니다."

"도대체 그게 무슨 소리요?"

"오늘날 사람들은 김부식과 개경파는 모두 사대주의자라고 생각하고, 어르신께서 쓰신 『삼국사기』를 대표적인 사대주의 역사서로 낙인찍고 있지요. 이번 기회를 통해 고려의 유학자들이 비교적 자주적이었고, 합리적인 사람들이었다는 걸 알리자는 거지요."

"흐음."

김부식은 팔짱을 낀 채 생각에 잠긴 모습이었다.

"일제 시대 역사학자인 단재 신채호가 묘청을 두둔한 뒤 묘청을 개혁가나 자주적인 인물로 미화하는 사람들이 많다고 들었습니다. 이번 기회에 묘청의 본모습을 낱낱이 드러내어 그 같은 망언이 널리 퍼지지 않도록 하는 건 어떨까요?"

김부식의 얼굴에 희미하게 미소가 피어올랐다.

"누가 우릴 도와줄 인물인지 알지요."

김부식은 이대로 변호사를 찾아갔다. 예상대로 이대로 변호사는 김딴지 변호사와 다시 승부를 겨룬다는 사실에 크게 기뻐하는 모습이었다.

"승리가 우리 것임은 틀림없겠죠?"

확신에 찬 목소리로 김부식이 이대로 변호사에게 물었다.

“흐음, 그걸 누가 장담하겠습니까? 그러나 아무리 딴죽을 걸어도 한 가지 분명한 건 있지요. 역사적 진실은 변하지 않는다는 거지요. 호홋, 재미있는 공방이 되겠어요.”

묘청과 서경

고려의 승려였던 묘청은 지금의 평양인 서경 출신입니다. 당시 고려는 수도인 개경을 위주로 정치와 문화가 이루어지고 있었지요. 묘청은 도교에 심취해 풍수지리와 도참사상을 두루 익혔고, 이를 바탕으로 고려의 도읍을 개경에서 서경으로 옮겨야 한다고 주장하였습니다.

'지금의 도읍인 개경은 기운이 이미 쇠했고 서경에는 왕기가 흘러 넘치며, 특히 서경의 임원역에 궁궐을 짓는다면 천하를 아우르게 되어 금나라가 스스로 항복하고 36국이 모두 신하가 될 것'이라는 묘청의 주장에 많은 사람이 마음이 흔들리게 됩니다. 이자겸이 난을 일으켜 궁이 불탄 데다 세력을 키워 가는 금나라로 인해 불안했던 터라, 왕이었던 인종 역시 묘청의 이야기에 고개를 끄덕이게 되지요.

인종은 서경에 직접 행차해 5개월이나 머물며 새 궁터를 구경했고, 묘청에게 새 왕궁 짓는 일을 맡겼습니다. 이에 묘청은 '임원궁'을 완성시켰고, 고려 임금이 스스로 황제로 칭하고 독자적인 연호를 쓰자는 것과 금나라를 정벌하자는 것을 인종에게 청합니다. 하지만 묘청은 자신의 주장을 합리화시키기 위해 무리수를 두기 시작했고, 사람들의 신뢰를 잃어 가게 되었지요. 이러던 차에 묘청의 서경 천도를 반대하는 무리가 생겨났습니다. 김부식을 위시한 개경파의 반대에 부딪힌 것이지요.

결국 묘청은 1135년에 분사시랑 조광과 병부상서 유참 등과 함께 난을 일으킵니다. 조정에서는 김부식에게 난을 진압하라고 명하였지요. 주동자인 묘청 등은 죽임을 당하고 반란군은 제압되고 맙니다.

사실 묘청의 난은 고려 내부적으로 정치적 불안이 팽배해 있는 상태에서 금나라라는 외부 세력이 압박을 가하자 일어난 사건입니다. 이런 혼란한 사회 분위기 속에서 풍수지리와 같은 도참사상이 백성들에게 인기를 끌었다는 점은 시사하는 바가 크지요.

원고 | 묘청	대리인 | 김딴지 변호사
피고 | 김부식	대리인 | 이대로 변호사

청구 내용

고려 인종 때는 대내외적으로 매우 혼란스럽던 시기였습니다. 안으로는 당시 막강한 권력을 자랑하던 이자겸이 난을 일으켜 나라를 어지럽혔고, 밖으로는 금나라가 호시탐탐 고려를 위협하고 침범했지요. 국력이 쇠약해지고 왕의 권위는 땅에 떨어졌으며, 백성들은 마음 둘 곳이 없어 방황했습니다. 이처럼 어지러운 때에는 마땅히 개혁이 필요했지요.

그래서 저를 비롯한 서경파는 왕에게 끊임없이 개혁해야 한다고 알렸습니다. 또한 서경 천도, 칭제 건원, 금나라 정벌 등의 3대 개혁안을 제시함으로써 나라를 부강하게 만들고 자주독립국으로서의 위상을 떨치고자 하였습니다. 하지만 이런 서경파의 충정은 아랑곳하지 않고 김부식 등 개경파는 서경파가 내놓은 개혁안마다 기를 쓰고 반대해 국론을 분열시키고, 백성들의 민심이 갈가리 흩어지게 만들었습니다.

서경 천도에 큰 희망을 품고 있던 서경 백성들은 이것이 좌절되자 크게 절망하였고, 이것은 '묘청의 난'이 일어나는 직접적인 계기가 되었습니다. 김부식 등 개경파는 이를 기회로 삼고 강경 진압을 일삼아 서경파를 뿌리째 뽑아냈고, 많은 서경 백성들이 죽음을 맞았습니다.

이 때문에 개경파는 대대로 무자비하게 권력을 휘두르게 되었고 이후 무신의 난까지 일어나게 되었습니다. 서경파와 개경파의 대립은 '자주와 사대', '중앙 세력과 지방 세력', '개혁과 보수'의 싸움이었고, 결국 개경파가 승리의 깃발을 높이 들었습니다.

사람들은 나를 '간신', '반란의 수괴'라고 비난합니다. 그것도 모자라 도술과 요설로 왕을 꾀어낸 요사스런 인물로 몰아붙이고 있지요. 그러나 나는 평생 고려의 개혁과 자주, 부강을 꿈꾸었을 뿐입니다. 나는 이번 소송을 통해 김부식을 비롯한 개경파의 사대주의적 성격을 알리고 무고한 백성들을 죽게 한 책임을 묻고자 합니다. 또한 나는 왕의 자리를 탐낸 쿠데타의 수괴가 아니므로 이에 대한 명예를 회복하고자 합니다.

입증 자료

- 중학교 역사 교과서
- 고등학교 한국사 교과서

그 외 자료 추후 제출하겠음.

위 청구인 묘청

역사공화국 한국사법정 귀중

재판 첫째 날

묘청은 왜 난을 일으켰을까?

1. 묘청의 서경 천도 운동과 금나라 정벌론
2. 고려 왕실에 혼란을 불러온 이자겸의 난
3. 고려와 금나라는 어떤 관계였을까?

교과연계

역사
Ⅳ. 고려의 성립과 변천
2. 무신 정권의 성립
(1) 정치적 위기에 직면한 고려

1 묘청의 서경 천도 운동과 금나라 정벌론

"김부식이 고소를 당했다고? 이유가 뭐래?"

"김부식이라면 『삼국사기』를 쓴 사대주의자 아닌가? 중국 역사서를 그대로 베껴 민족정신을 죽이고 중국 중심의 역사서를 쓴 장본인이지. 그러니 고소당한 것 아니겠나?"

"꼭 그것만은 아니라는군. 김부식이 '묘청의 난'을 강하게 진압하는 바람에 묘청은 스스로 항복할 기회까지 잃고 무자비하게 죽음을 당했으니 억울하다는 거지."

"아니, 누가 그런 주장을 편단 말인가?"

"고소를 한 사람이 누군지 들으면 더 기가 막힐걸."

"도대체 누군데?"

"김부식을 고소한 사람은 바로 묘청이래."

"묘청의 난을 일으킨 바로 그 사람 말인가? 예끼, 실없는 소리."

"나도 처음엔 잘못 들은 줄 알았다네. 하지만 바로 그 묘청이 김부식을 고소해서 이번 재판이 열리는 거라네."

"아니, 반란을 일으킨 쿠데타 세력이 도리어 진압군을 단죄하겠다는 거야? 나 원 참, 기가 막혀서!"

"도대체 어떤 공방이 펼쳐질지 흥미진진한걸."

"자, 조용히 하세요. 판사님이 입정하십니다."

법정 경위의 외침에 배심원들과 방청객들이 입을 다물었다. 검은 법복을 입은 판사가 걸어 들어와 사람들이 잘 내려다보이는 판사석에 앉았다. 법정을 한 번 훑어본 판사는 원고 묘청과 피고 김부식을 번갈아 보았다.

서경
서경은 옛날 고조선의 도읍으로, 고려 왕건의 북진 정책의 근거지이기도 합니다. 지금의 평양으로 묘청의 서경 천도 운동이 이곳에서 일어났습니다.

판사 원고와 피고, 모두 자리해 주셨죠? 그럼 재판을 시작하겠습니다. 원고 측 변호인, 이번 사건은 무엇입니까?

김딴지 변호사 간단히 설명 드리겠습니다. 원고 묘청은 고려 인종 시대의 서경 출신 승려입니다. 원고는 왕의 고문 자리에 오른 뒤 개경 출신의 사대부에게 휘둘리지 않기 위해 서경으로 도읍을 옮길 것을 주장했지요. 그러다 일이 여의치 않자 1135년에 거사를 일으켰습니다. 이를 두고 역사에서는 '묘청의 난'이라고 하지요. 이 사건의 중심 인물인 원고는 곧 반대파인 피고 김부식 등의 개경파에 붙잡혀 죽음을 당했고, 원고는 대대로 왕의 지위를 탐낸 반역자로 알려져

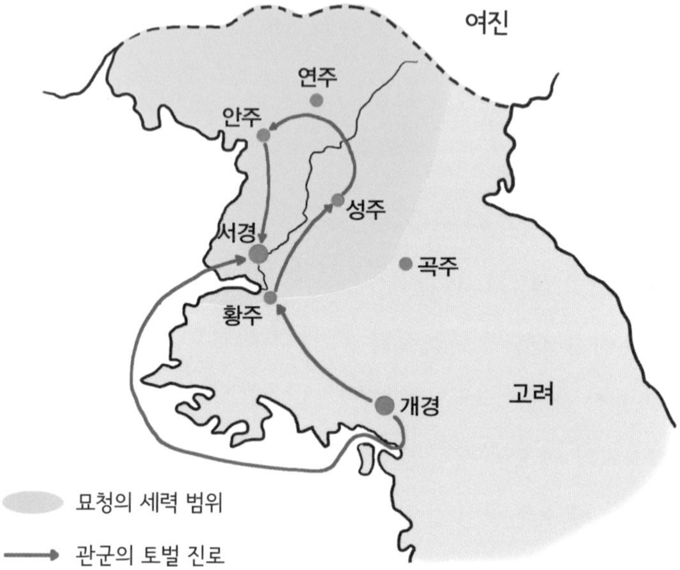

왔습니다.

그런데 이에 대해 원고는 오히려 피고 등 개경파가 왕의 권한을 등에 업고 권력을 휘두르고 백성들을 핍박했다고 주장하고 있습니다. 또한 피고 등이 자신들의 거사를 지나치게 강하게 진압해서 무고한 백성들이 희생되었다고 말합니다. 이에 원고는 피고를 비롯한 개경파가 저지른 악행에 대한 처벌을 받아야 한다며 소송을 제기한 것입니다.

판사 거 참. 난을 일으킨 묘청이 도리어 그 난을 진압한 김부식에게 죄를 묻는단 말인가요?

김딴지 변호사 판사님, 묘청의 난은 그동안 적잖이 그릇되게 전해져 내려왔습니다. 하지만 이제 우리 시대에는 새로운 눈으로 역사를 바라볼 필요가 있다고 생각합니다. 일제 침략기에 단재 신채호 선생은 역사적으로 존경할 만한 인물과 사건을 파헤치다가 묘청을 발견하였습니다. 『고려사 반역 열전』에 실린 묘청의 난은 명백히 김부식을 비롯해 싸움에서 승리한 자의 눈으로 쓰인 것입니다. 신채호 선생은 이 같은 잘못을 지적하며 묘청의 난은 '조선 역사상 1천 년래 제1 대사건'이라고 말했습니다.

단재 신채호
일제강점기의 독립운동가이자 역사학자로 『황성신문』, 『대한매일신보』 등에서 활약하며 민족의식을 드높였습니다.

사대사상
독립성이나 주체성 없이 세력이 강한 나라나 사람을 섬기는 생각입니다. 또한 이러한 생각을 원칙으로 삼는 것을 '사대주의'라고 하지요.

판사 신채호 선생이 '묘청의 난'을 긍정적으로 평가했다는 말인가요? 그 이유는 무엇인가요?

김딴지 변호사 묘청은 우리나라 전통의 뿌리를 지키고자 한 자주적인 인물이며, 반대편에 선 김부식은 바로 중국의 뿌리를 가져다가 우리에게 심어 놓은 사대사상에 앞장 선 인물이라는 것입니다. 따라서 우리 것을 천하게 여기고 중국의 것을 가장 위대하다고 생각하는 유학파들에 맞섰던 묘청이 우리 민족의 지킴이였다는 것이지요.

판사 그렇다면 묘청은 자주적이고 주체적인 영웅이었으나 김부식은 사대사상에 물든 인물이었다는 말이군요.

김딴지 변호사 그렇습니다. 이때부터 우리의 뿌리가 송두리째 뽑혀 귀한 우리 것을 지키지 못하고, 중국을 큰 나라로 여겨 중국에 관한 것이라면 무조건 우러러보는 그릇된 역사가 시작되었다고 밝히고 있습니다. 과연 그동안 알려진 것처럼 묘청이 반역자인지, 아니면 우리 것을 지키려 앞장서 노력했던 인물인지 낱낱이 들추어 보아야 합니다.

김딴지 변호사가 묘청이 김부식을 고소한 이유를 설명하자 방청석이 술렁이기 시작했다. 사람들은 묘청이 자신의 반역죄를 벗기 위해 애꿎은 김부식을 끌어들였다고 비난하였다.

"스스로 왕이 되려고 반란을 꾀해 놓고 이제 와서 누명을 쓴 것이라니!"

"이러다간 다른 역적들도 모두들 자신이 충신이라고 우겨 대겠군!"

법정이 소란스러워지자 판사는 조용히 해 줄 것을 당부하였다.

판사　모든 것은 재판에서 판가름 날 것입니다. 과연 묘청이 그동안 역사서에 쓰인 대로 반역자인지, 아니면 신채호 선생의 주장대로 우리 것 지킴이였는지 살펴봅시다. 다시 거론할 필요가 없도록 이번에 확실한 결론을 내리도록 합시다. 일단 원고의 소송 이유는 이해했습니다. 그러면 원고 측 변호인, 이번에는 원고 묘청이 왜 고려의 도읍을 개경에서 서경으로 옮기자고 했는지 설명해 주세요.

김딴지 변호사　고려를 세운 태조 왕건은 고려가 고구려의 뒤를 잇는 나라라는 것을 분명히 했습니다. 나라 이름을 '고려'로 짓고, 고구려의 수도였던 평양을 서경, 즉 서쪽의 도읍지라 부르게 하였지요. 또 후대 왕들이 1년에 100일간은 서경에 머무르도록 유언을 남겼는데, 이것은 적당한 때 수도를 옮길 것을 당부한 것이었습니다. 고려는 고구려의 옛 땅인 요동과 한반도를 되찾을 것을 다짐하곤 했지요. ▶이 같은 고려의 건국 정신을 볼 때, 묘청을 비롯한 정지상, 백수한 등 서경파의 서경 천도 주장과 칭제 건원론, 금나라 정벌론은 지극히 옳은 주장이었습니다.

칭제 건원론
왕을 황제라 부르고 독자적인 연호도 사용할 것을 주장하는 것입니다.

판사 금나라 정벌론이라고요?

김딴지 변호사 고려는 요동을 되찾아야 할 우리의 옛 땅이라고 생각했습니다. 그런 만큼 요동을 차지한 금나라는 눈엣가시였고, 금나라를 쳐서 요동을 되찾는 것은 고려가 품어 온 숙원을 이루는 것이었습니다. 따라서 금나라를 벌주고 고구려의 옛 땅을 찾자는 서경파의 주장은 조상들의 한을 풀고 고려를 강한 나라로 만드는 길이었습니다. 그런데 김부식 등의 개경파는 수도를 서경으로 옮기면 자신들의 세력이 약해질 것을 두려워해 서경파의 주장에 사사건건 반기를 들었습니다. 개경파는 자기 잇속을 차리려는 사심이 있었던 것이지요. 만약 묘청의 주장대로 금나라를 쳐서 요동을 얻었다면, 아마 고려는 세계를 주름잡는 강대국이 되었을 것입니다.

"옳소! 옳소!"

김딴지 변호사가 열변을 토하자 방청석에서 웅성거리는 소리가 들렸다. 사람들의 열띤 반응에 김딴지 변호사가 흐뭇한 미소를 지었다. 반면 피고 김부식의 변호인인 이대로 변호사는 이마를 찡그렸다.

교과서에는

▶ 서경 출신의 승려 묘청과 문신인 정지상은 인종에게 '고려를 황제국이라 칭하고 독자의 연호를 사용하며 금나라를 정벌할 것'을 건의하였습니다.

판사 다들 조용하세요. 네, 잘 들었습니다. 쉽게 말해 원

고려는 다시는
요동을 넘보지
말지어다!
언젠가는
금나라를 쳐서
요동을 되찾고야
말겠다!

고 묘청 측을 서경파, 피고 김부식 측을 개경파라고 보아도 되겠군요. 그런데 요동이 어디인지 정확히 설명해 주세요.

김딴지 변호사　　요동은 지금의 중국 요녕성 동남부에 있는 랴오허강의 동쪽 땅을 가리키는 말로 '만주' 지역을 뜻하지요. 때때로 요동의 일부인 요동반도를 말하기도 합니다.

판사　　그렇군요. 그렇다면 원고 묘청을 비롯한 서경파는 고구려의 정신을 잇겠다는 신념이 강했다는 것으로 이해되는데요. 이와 같은 맥락에서 한 가지 궁금한 점이 있습니다. 고려라는 나라 이름은 어떻게 지어진 것인가요? 우리가 알고 있는 것처럼 고구려에서 가운데 '구'자를 떼어 낸 것인지 궁금하군요.

김딴지 변호사　　아닙니다, 판사님. 대부분 그렇게 알고 있으나 잘못된 상식이지요. 고구려라는 이름은 '구려(句麗)'에서 비롯되었습니다. 이는 성, 고을을 뜻하는 '구루(Khuru)'의 음을 한자로 표기한 것입니다. 이후 그 앞에 '높을 고(高)' 자를 붙여 '고구려'라 하였지요. 초기 중국 문헌은 고구려로 표기하다가 5세기 중엽 장수왕 이후 줄여서 '고려'를 공식 국호로 삼았는데, 오늘의 피고인 김부식이 쓴 『삼국사기』에서 왕씨의 고려와 구분하기 위해 모두 고구려로 기술한 것입니다.

판사　　그렇군요. 잘 들었습니다. 원고 측이 피고 김부식을 법정에 세운 이유는 충분히 들었습니다. 그렇다면 피고 측 변호인이 반론을 펼쳐 주시지요.

이대로 변호사　　판사님, 원고 측의 주장은 터무니없고 허무맹랑합

니다. 원고 묘청은 왕의 신임을 얻자 왕을 도와 나라를 잘 다스릴 생각은 안 하고 그 머리 꼭대기에서 희롱하다가 서경 천도니 금나라 정벌이니 하는 말도 안 되는 주장으로 나라를 어지럽힌 장본인입니다. ▶게다가 어린 왕인 인종이 더 이상 자신의 말을 듣지 않자 스스로 난을 일으켜 왕위에 오르려 했던 반역자입니다. 이제 와서 나라를 위해 대단한 결정을 내린 선구자인 양 처신하는 것은 우스꽝스

교과서에는

▶ 묘청은 김부식을 비롯한 개경파가 서경으로 천도하는 것을 반대하자 서경에서 반란을 일으켰습니다. 묘청을 비롯한 서경파는 나라 이름을 '대위국'이라 짓고 연호를 '천개'라 불렀습니다.

러운 일입니다. 게다가 원고 측의 주장은 당시 시대 상황을 생각해 보면 불가능한 것이었습니다. 요동을 얻어 세계를 다스린다는 것이 듣기에는 좋은 소리이지요. 그러나 속속들이 파헤쳐 보면 이는 나라를 구원하는 길이 아니라 나라를 망하게 하는 지름길이었습니다.

효종의 북벌론
병자호란이 조선의 굴욕적인 패배로 끝나고 청나라에 볼모로 잡혀갔던 봉림 대군(효종)이 인조의 뒤를 이어 왕위에 오르게 되었습니다. 효종은 조선의 굴욕을 씻기 위해 북벌 정책을 계획하였으나, 이 계획은 청나라가 중국을 통일하고 효종이 재위 10년 만에 죽음으로써 실패로 돌아가게 되었습니다.

이대로 변호사가 판사의 얼굴을 쳐다보며 또박또박 말했다. 김딴지 변호사의 말에 열광했던 사람들이 이대로 변호사의 얼굴을 살피며 고개를 갸우뚱거렸다.

"당시 시대 상황이 어땠길래 저렇게 말하는 걸까?"

이대로 변호사는 확신에 찬 얼굴로 침착하게 다음 말을 이어 나갔다.

이대로 변호사 원고 묘청이 과연 피고 김부식을 고소할 정도로 억울한 입장이었는지는 역사가 판가름해 줄 것입니다. 또한 당시 시대 상황을 낱낱이 살펴보면 원고 묘청의 이 같은 주장은 자신의 죄를 벗고자 남에게 죄를 덧씌우는 것이라는 사실을 알게 될 것입니다.

당시 금나라는 새롭게 떠오르는 강대국이었습니다. 금나라의 기세는 하늘을 찔렀지요. 당시 금나라는 영토를 널리 확장해 드넓은 중국 땅을 다스리는 지배자가 되었습니다. 중원의 사자처럼 무섭고 사나웠지요. 그런 금나라를 치겠다는 생각은 조선 시대 효종의 북벌론만큼 터무니없는 주장에 불과했습니다. 말이 좋아 금나라를 정벌

하는 것이지, 고려의 백성을 금나라의 코앞에 그대로 먹이로 바치는 것이나 다를 바 없는 것이었습니다.

김딴지 변호사 이의 있습니다, 판사님. 원고는 지나친 비약을 하고 있습니다. 금나라를 벌주겠다는 서경파의 주장과 조선 시대 효종의 북벌론은 함께 놓고 얘기할 수가 없습니다. 조선의 군사력은 고려에 비해 터무니없이 약하였고, 청나라는 명나라

비약
생각이나 사고 과정이 단계적, 논리적이지 못하고 뛰어넘는 것을 말합니다.

의 두 배, 금나라의 네 배 이상이 되는 영토를 차지할 정도로 힘센 나라였지요. 그러나 금나라는 요동과 중국의 북쪽 지방인 화베이를 차지했을 뿐입니다. 정벌하고자 하는 나라의 규모로 보나 당시 군사력으로 보나 같이 놓고 비교할 대상이 안 됩니다. 서경파의 요동 정벌 주장은 조선 시대의 북벌론처럼 비현실적이고 어려운 일이 아니었습니다.

이대로 변호사 아닙니다, 판사님. 군대의 규모나 군사력 면에서 단순 비교가 불가능하다고는 하나, 먼저 공격을 하기 위해서는 상대보다 3~4배 높은 수준의 군사력을 갖추어야 합니다. 그러나 당시 고려는 금나라의 공격에 겨우 방어할 수 있을 정도의 군사력만 갖고 있었습니다. 아무리 높게 보아도 금나라를 치는 것은 절대로 불가능한 것이었습니다. 계란으로 바위 치기일 뿐이었지요.

사람들이 곳곳에서 웅성거리는 소리가 들렸다.
"당시 금나라가 그렇게 힘이 셌나?"
"고려와 금나라의 국력이 그 정도로 차이가 났나?"
"고려는 힘이 센 줄 알았는데, 다시 봐야겠군."

2

고려 왕실에 혼란을 불러온 이자겸의 난

판사 양측의 주장이 이렇게도 다르니 직접 당사자들의 말을 들어 봐야 하겠습니다. 먼저 원고, 나와 주시지요.

묘청 안녕하십니까. 나는 묘청입니다. 이번 재판의 원고로서 저기 앉아 있는 김부식을 고소한 사람이지요. 인종 임금을 도와 나랏일을 돌봤으며, 고구려의 옛 기상을 이어 가고자 서경 천도와 금나라 정벌을 주장하였습니다. 하지만 내 뜻을 믿고 따라 주시던 인종 임금은 제 잇속만 차리는 김부식 등 개경파의 음모에 빠져, 금나라를 형님으로 모시고 비굴하게 나라의 목숨을 이어 가고자 하였습니다. 그래서 나는 어쩔 도리 없이 서경에서 나라의 기틀을 새롭게 세워 보려 하였으나 이마저도 반역으로 몰려 결국 피고 김부식에게 붙잡혀 목숨을 잃었습니다.

원고 묘청의 말에 피고 김부식이 쓴웃음을 지었다. 반역자 묘청이 당당하게 고개를 들고 얘기하는 모습을 보자 사람들은 수군거렸다.

"왜 저렇게 당당해?"

"묘청은 자신이 반역자가 아니라잖아."

묘청 인종 임금은 어린 나이에 왕의 자리에 올라 안팎으로 시달림을 당하셨습니다. 돌아가신 예종 임금의 아우들이 왕위를 노리던 터라 어린 임금에게는 믿음직스럽게 나랏일을 돌봐 줄 충직한 신하가 필요했습니다. ▸이 틈을 노려 폐하의 외할아버지이자 장인인 이자겸이란 인물은 폐하를 등에 업고 나랏일을 좌지우지하였습니다. 그것으로도 모자라 이자겸은 스스로 왕이 되고자 1126년에 난을 일으켰지요. 이 난을 막는 과정에서 개경의 궁궐이 불타고 왕실의 권위는 땅에 추락했습니다. 그래서 폐하께서는 개경과 개경의 귀족 세력에 염증을 느껴 서경으로 도읍을 옮기기로 결정하시는 등 일대 개혁을 해야겠다고 생각하신 것입니다. 이 때문에 저희 서경파가 힘을 얻게 된 것입니다.

판사 원고 묘청의 말을 듣자 하니 이자겸의 난으로 인해 인종 임금이 개경파에게서 등을 돌리고 서경으로 도읍을 옮기고자 했던 거로군요. 원고 측 변호인, 이것에 대해 보충 설명을 들려줄 증인이 있습니까?

김딴지 변호사 네, 판사님. 이자겸의 난이 무엇이었는지, 어떻게 진행된 것인지 당사자인 이자겸을 증인으로 채택

교과서에는

▸ 이자겸을 중심으로 하는 경원 이씨 일족은 왕실과 여러 차례에 걸쳐 혼인 관계를 맺으면서 권력이 강한 외척 가문이 되었습니다. 이자겸의 딸들은 예종과 인종의 왕비가 되었으며, 그의 권력은 국왕의 권력을 넘볼 만큼 막강했습니다.

해 직접 이야기를 들어 보겠습니다.

판사 좋습니다. 증인은 나와서 선서해 주시고, 원고 측 변호인은 신문해 주시기 바랍니다.

한때 고려 조정을 쥐락펴락했던 이자겸의 등장에 모두들 숨을 죽였다.

이자겸 선서. 나, 이자겸은 진실만을 말할 것을 선서합니다.

김딴지 변호사 신문에 앞서 증인은 간단히 자기소개를 해 주세요.

이자겸 나는 인종의 외할아버지이며, 내 셋째 딸과 넷째 딸은 인종의 비가 되기도 하였지요.

김딴지 변호사 아니, 어떻게 외할아버지가 장인이 될 수도 있단 말입니까? 그렇다면 인종 임금은 이모뻘 되는 사람들과 혼인하였다는 이야기군요. 한마디로 콩가루 집안이군요.

이자겸 콩가루 집안이라니요? 내가 비록 죽은 몸이나, 이 몸이 한때는 세상을 호령하던 왕의 외할아버지이며 장인이었다오. 인종이 즉위한 후로는 왕보다 더한 권력을 휘두른 사람이었소. 오늘날의 관습으로 그때를 함부로 평가해선 안 될 말이지요!

이자겸의 호령에 방청석에서 혀를 차는 소리가 들렸다.

"뻔뻔해도 유분수지. 왕을 등에 업고 못된 짓은 다한 주제에 무슨 할 말이 있다고……."

내 딸이 둘이나 왕비가 되었다고!
내 힘을 따라올 자가 있다면 어디 한번 나와 보라지.
외할아버지가 모든 권세를 다 휘두르는군.
왕이 되는 건 정말 힘들어!

"저러니까 나중에 왕의 자리에 오르려고 난을 일으켰지!"

"죽어서도 뉘우치는 기색이 하나 없으니, 쯧쯧."

이자겸은 자신을 비난하는 소리는 안중에도 없는 듯 낯빛 하나 변하지 않았다. 그런 이자겸의 뻔뻔함에 방청객과 배심원 모두 고개를 저었다.

김딴지 변호사 바로 그 이야기를 듣고 싶습니다. 왕은 인종인데 어찌하여 외할아버지인 이자겸이 권력을 휘두르게 되었나요?

이자겸 인종이 왕위에 오른 것은 다 내 덕분이었소. 내가 없었다면 인종은 삼촌에게 휘둘려 목숨을 잃었거나 귀양살이를 했을 게 뻔하오. 사실 예종 임금이 돌아가신 뒤, 많은 사람들은 고작 열네 살에 불과한 인종보다는 예종의 동생들 중 한 명이 왕위를 잇기를 바랐소. 그런 진창에서 인종을 왕의 자리에 올려놓은 사람이 바로 나란 말이오. 그리고 솔직히 말해서 그렇게 나이 어린 왕이 제 구실을 할 수 있었겠소? 나는 나라를 위해 동분서주했을 뿐인데 후대에 나를 역적으로 모는 것은 부당하오.

이자겸의 뻔뻔함은 눈 뜨고 못 볼 지경이었다. 재판을 지켜보고 있던 방청객들은 화가 나서 웅성거렸다. 결국 판사가 법정 분위기를 바로잡고 나서 다시 재판이 진행되었다.

김딴지 변호사 그렇다고는 하나 왕의 머리 꼭대기에서 나랏일을 취락펴락했다는 건 세상이 다 아는 일 아닙니까?

역모
반역을 꾀하는 일입니다.

이자겸　그거야 좀, 그런 면이 있긴 했소. 아무래도 왕이 내 말을 잘 듣고, 또 내가 나랏일을 돌보다 보니 사람들이 선물을 갖다 바치면서 좋은 자리를 달라는 청을 하더이다. 그런데 어찌 그걸 마다하겠소? 사람들 청을 들어주고 내 주머니도 챙기고…… 꿩 먹고 알 먹고, 누이 좋고 매부 좋은 격 아니겠소? 뭐, 그만 일을 가지고…….

김딴지 변호사　자신의 위치를 지키기 위해 반대 세력들이 역모를 꾸민다고 모함하여 죽인 사실도 있지요?

이자겸　그렇소. 그러나 그건 누구나 하는 일 아니오? 불씨를 미리 없애지 않으면 나중에 큰 화를 당하기 마련이오. 왕이 올곧게 나랏일을 돌보기 위해선 반대 세력을 제거하는 것이 마땅하오. 꼭 필요한 일을 대신 했을 뿐이오. 덕분에 인종은 손에 피를 안 묻혀도 됐지 않았소이까?

김딴지 변호사　반대 세력을 없애 버린 것은 왕에게 위협이 되어서라기보다는 증인이 가진 권력을 지키고자 했던 것 아닌가요?

이자겸　나에게 반항하는 것은 곧 인종 임금에게 반항하고 반기를 드는 일이었다오. 어찌 그렇게도 모르시오? 내가 아니었다면 인종은 어린 나이에 세상을 하직하고 말았다니까. 왜 그리 답답하시오?

김딴지 변호사　증인은 참 말씀을 잘하시는군요. 그러면 인종 임금과 사이좋게 지낸 모양인데, 왜 난을 일으켰나요? 난을 일으킨 이야기를 낱낱이 밝혀 주시지요.

이자겸 ▶흠…… 좋소이다. 이왕 이 자리에 나왔으니 속 시원히 밝히지요. 마냥 어린 줄로만 알았던 인종도 어느덧 장성하여 자기주장을 펴기 시작했고 나를 경계하는 게 느껴졌지요. 나를 내치려고 음모를 꾸미고 있는 게 분명하더란 말이오. 아니나 다를까, 인종은 나와 척준경을 제거하라는 지시를 내렸소. 하지만 내가 그냥 당하고 있을 사람이오? 척준경은 단순무식한 사람이지만 당시 칼을 쓰는 데에는 그를 따라올 자가 없었소. 결국 인종을 잡아들이는 데 성공했소. 방 안에 꿇어앉아 바들바들 떠는 인종의 모습은 가엾을 정도였소. 나는 요샛말로 쿠데타에 성공한 거라오. 권력의 맛은 정말 달콤했지. 인종이 제 손으로 나에게 왕위를 넘긴다는 조서를 써 바쳤고, 신하들은 모두 나에게 고개를 조아렸지요. 그렇지만 여론에 밀려 나는 끝내 왕의 자리에 오를 수는 없었소.

조금도 자기 잘못을 뉘우치지 않는 이자겸의 모습을 보고 사람들은 화가 나서 큰 소리를 쳤다.

"이자겸을 잡아다가 다시 목을 쳐라!"

"당장 물러나라."

"뻔뻔한 것도 분수가 있지. 에이, 짐승 같은 놈!"

한 방청객은 화가 나서 이자겸에게 날달걀을 던졌다. 달걀은 이자겸의 얼굴에 정면으로 맞았지만, 이자겸은 눈 하나 깜짝이지 않고 오히려 던진 사람을 노려보았다. 결국 달걀을 던진 사람은 퇴장당하고, 경찰들이 몰려와 흥분한

교과서에는

▶ 점점 왕위를 유지하는 것에 위협을 느낀 인종은 이자겸을 제거하려 하였으나, 도리어 이자겸의 반격을 받았고 궁궐이 불에 타는 등 위기에 놓이게 되었습니다. 이 난을 이자겸의 난이라 합니다.

사람들을 조용히 시켰다. 다시 재판이 계속되었다.

판사 뻔뻔한 건 알겠지만 자중하셔야겠습니다. 방청객들이 지나치게 흥분하지 않도록 말을 가려서 해 주십시오.

김딴지 변호사 더구나 증인은 여러 번 인종 임금을 독살하려고 했으나 실패했지요?

이자겸 그랬지요. 하늘에 어찌 두 개의 별이 있을 수 있고, 한 나라에 어찌 두 왕이 있을 수 있겠소? 인종을 죽이려고 했으나 결국 실패했소. 인종의 아내였던 내 딸의 방해로 물거품이 된 걸 생각하면 지금도 분통이 터지오.

김딴지 변호사 왕비들이 증인의 계략을 방해했다는 말입니까?

이자겸 그렇소. 하루는 왕비인 딸에게 독이 든 약을 인종에게 먹이도록 했는데, 딸이 이를 들고 가다가 그만 넘어져 버려 물거품이 되고 말았지요. 그래서 다시 독이 든 떡을 인종에게 전하라고 했는데, 딸은 이 사실을 인종에게 그대로 말하고는 까마귀에게 먹여 버리고 말았지요.

'믿는 도끼에 발등 찍힌다'더니 그게 나를 두고 한 말이었소. 그사이 인종은 척준경을 구슬려 도리어 나를 치도록 명령했소. 나는 척준경 때문에 쿠데타에 성공했고, 또 척준경에게 잡혀 귀양살이를 떠나는 신세가 되고 말았지요!

김딴지 변호사 그런데 증인이 척준경과 사이가 멀어진 것은 그를 잘 대접하지 않았기 때문 아닙니까?

이자겸 일자무식에 칼만 휘두르는 놈이 뭘 안다고 나랏일에 나선단 말이오? 사람은 다 제자리가 있기 마련이오.

김딴지 변호사는 이자겸의 말에 쓴웃음을 지었다.

김딴지 변호사 지금에 와서도 자신의 잘못을 하나도 뉘우칠 줄 모르는 걸 보니 당시엔 얼마나 교만하고 대단하게 권세를 휘둘렀을지 짐작이 됩니다. 이자겸의 난에 대해 들으니 인종 임금이 얼마나 개경파를 몰아내고 싶었을지 상상이 되고도 남는군요. 판사님, 다시 원고 묘청을 불러 당시 서경파의 주장이 무엇이었는지 들어 보았으면 합니다.

판사 좋습니다. 원고는 다시 자리해 주시지요.

묘청 우리의 주장이라고요? 역적 이자겸에게 낱낱이 들어 폐하께서 얼마나 개경파에게 진저리를 치셨을지 다들 짐작했을 것입니다. 폐하께선 하루라도 빨리 나라 안의 분위기를 새롭게 하고 기틀을 잡고자 고민하였습니다. 나라를 다시 세우기 위해서는 변화가 필요한 시점이었지요. 저를 비롯한 서경파는 고려가 그 지경에 이르게 된 것은 '고구려의 후계자'라는 건국 정신을 저버리고 마치 신라의 뒤를 이은 것처럼 행세하는 개경파 때문이라고 생각했습니다.

김딴지 변호사 이자겸의 난이 원고의 서경 천도 운동에 중요한 배경이 되었다는 말씀이군요. 그러니까 개경파를 권력의 자리에서 몰아내고 새 정치를 펴는 것이 필요했던 거고요.

묘청 그렇습니다. 우리는 고구려 시대로 돌아가는 것만이 살길이라고 생각하여 몇 가지 중요한 제안을 폐하께 올렸습니다. 고구려의 옛 도읍지인 평양을 새 도읍으로 정하고 왕을 황제로 부를 것을 청했습니다. 고려 안에서만 황제로 부르지 말고 외교 문서에서도 왕을 황제로 고쳐 써 모든 나라에 고려가 큰 뜻을 품은 대국이라는 것을 알리자고 했지요. 또 대국이 되기 위해서는 당시 중국 땅을 차지한

'고구려의 후계자' 라는 건국 정신을 잇기 위해서라도 저쪽 서경으로 도읍을 옮겨야 합니다.
내 외할아버지인 이자겸도 난을 일으키고… 개경파를 견제해야겠어!

금나라를 쳐서 마땅히 고려에 속해야 할 요동 땅을 되찾아야 한다고 생각했습니다. 이는 당시 금나라에 대해 뒷걸음질 치는 '외왕내제' 정책에서 한 걸음 더 나아가자는 뜻이었지요.

김딴지 변호사 외왕내제 정책이라고요? 그 뜻이 무엇인지 설명해 주십시오.

묘청 외왕내제 정책은 간단합니다. 고려는 다른 나라와의 마찰을 피하려고 요나라, 금나라, 송나라 등 황제를 칭하는 강대국에 보내는 외교 문서에는 임금을 황제의 신하인 왕으로 부르고 고려 안에서는 임금을 '황제'라고 불렀지요. 즉 나라 안에서만 호랑이 행세를 한 것이지요. 그러나 이는 강대국의 눈치를 보는 정책이었지요. 나라 안에서만 황제로 부르면 뭐합니까? 나라 밖에서는 낮추어 본다면 아무 소용 없는 것이지요. 힘 있는 나라가 되기 위해서는 금나라를 쳐서 아무도 고려를 넘볼 수 없다는 사실을 보여 줘야 했습니다. 이는 사대사상에 물든 개경파와는 다른 자주적인 생각이고, 위기에 처한 나라를 구하고 강대국으로 만들려는 서경파의 충성심에서 나온 것이었어요.

김딴지 변호사 판사님, 들으신 대로 원고 묘청과 서경파는 나라를 살리고자 하는 충성심에서 이자겸의 난으로 혼란스러워진 개경을 포기하고 서경으로 도읍을 옮길 것과 금나라를 치자는 주장을 편 것입니다. 따라서 원고가 혼자 잘 먹고 잘살려고 엉뚱한 주장을 펼친 것이 아니라는 점에 주목해야 합니다. 이상입니다.

3

고려와 금나라는 어떤 관계였을까?

판사 원고와 증인의 진술을 들으니 당시 고려 내부의 사정이 어떠했는지 짐작이 되는군요. 그렇다면 이제부터는 당시 고려를 둘러싼 국제 정세가 어떻게 급격히 변화했는지와 그것을 두고 고려 내부에서는 어떻게 대처하려 했는지를 다루겠습니다. 특히 급격히 성장한 금나라를 두고 고려가 어떤 입장을 취하는 게 시대적으로 가장 옳았을지에 대해 양측은 변론해 주세요. 금나라에 대한 대처 방식이 서경파와 개경파를 가르는 중요한 변수로 작용했다고 하니까요. 원고 측 변호인이 먼저 설명해 주시지요.

김딴지 변호사 당시 상황은 정말 복잡했습니다. 거란족이 세운 요나라와 북송, 고려라는 세 강대국 사이에 오랜 세월 이어져 왔던 동북아시아의 삼각 구도가 뿌리째 흔들렸습니다. 왜냐하면 여진족이 새로운 강자로 떠오르며 1115년에 금나라를 건국했고, 10년 뒤에 요나라를, 그 2년 후인 1127년에 송나라(북송)를 멸망시켰기 때문입니다. 북송의 왕자가 강남으로 피신하여 나라를 재건하니 이것이 남송입니다. 그래서 동북아시아는 금나라와 남송, 고려라는 새로운 삼국 구도로 재편되었지요. 그야말로 격변의 시기였지요. 여진족의 성장은 눈이 팽팽 돌아갈 정도로 빠르게 이루어졌습니다. ▶여진족이 금나라를 세우고 강대국인 요나라와 북송까지 완전히 집어삼킨 데 걸린 시간은 불과 12년이었습니다. 고려도 여진족과의 1차 전쟁에서 패한 뒤, 윤관의 건의에 따라 별무반을 편성해 여진족을 정벌하고 9성을 쌓았습니다. 그동안 여진족에게서 조공을 받아 왔던 고려로서는 정말 얼이 빠지는 일이었지요.

별무반
고려 숙종 때 여진족을 정벌하기 위해 조직된 군대로 기병인 신기군, 보병인 신보군, 승병인 항마군으로 구성돼 있지요.

판사 여진족을 우습게 여겼던 고려로서는 뒤늦은 조치를 취하며 많이 당황했겠군요.

김딴지 변호사 그렇습니다. 게다가 여진족은 오랑캐와 같이 낮은 수준의 문화를 가지고 있었습니다. 오랜 세월 고려를 섬기던 여진족에게 하루아침에 머리를 조아리고 큰 나라로 섬긴다는 게 어디 쉬운 일이겠습니까?

교과서에는
▶ 여진족은 말갈족이라고 하는데, 원래 고구려에 속해 있었습니다. 그런데 12세기 초 만주 지역의 완옌부의 추장이 여진족을 합치면서 고려와 부딪치게 되었습니다. 이에 고려의 장군 윤관은 별무반을 조직해 여진족을 쫓아 버리고(1107) 동북 지방 일대에 9성을 쌓았습니다.

이때 피고 측의 이대로 변호사가 끼어들며 말했다.

이대로 변호사 자존심만 내세우면 그럴 수도 있지요. 그

러나 세계 질서에서 약소국이 강대국에게 지배당하는 건 언제 어디에서고 벌어지는 일입니다. 또 오늘의 강대국이 내일의 약소국으로, 지난날의 약자가 오늘날 패자가 되는 것도 늘 있는 일입니다. 상황에 맞게 처신할 줄 아는 현실적 능력도 필요한 법이지요!

김딴지 변호사 그것을 모르는 바는 아닙니다. 그러나 당시 고려인의 정서를 생각할 때 도저히 받아들이기 어려운 일이었다는 것이지요. 사실 서경파의 금나라 정벌론이 백성들의 마음을 움직인 데에는 다 이유가 있습니다. 금나라는 오랜 세월 동안 고려에 조공을 바치고 애걸하면서 쌓아 왔던 열등감을 극복하려고 기를 썼습니다. 그래서 금나라는 고려에 9성을 돌려달라고 애걸할 때 자신들이 썼던 충성의 표현을 그들이 받을 외교 문서에 그대로 써 줄 것을 고려에 요구했지요.

판사 고려는 수치스러웠겠군요.

김딴지 변호사 물론입니다. 고려는 이에 치욕을 느꼈지만, 마지막 남은 남송마저 금나라가 송두리째 먹어 치우려는 것을 보고 위기의식을 느꼈습니다. 그래서 고려는 "충성스런 마음이 하늘의 태양같이 빛날 것이요, 만일 이 맹세를 어긴다면 하늘이 벌을 내릴 것입니다"라고 쓴 문서를 금나라에 바칠 수밖에 없었습니다. 하루아침에 여진족의 신하 신세가 되자 고려의 백성들은 분노를 금할 수 없었고 '금나라를 정벌하자!'는 데 민심이 기운 것입니다. 당시 최봉심이라는 사람은 "나라에서 장사 1000명만 주면 금나라로 쳐들어가 임금을 사로잡아 바치겠다"고 목소리를 높일 정도였지요. 민심은 천심입니다. 이처럼 백성들이 원하는데 언제까지 금나라의 신하 노릇만 하고 있어야 되겠습니까?

이대로 변호사 역시 변호사라서 그런지 말을 잘 갖다 붙이는군요! 네에, 민심은 천심입니다. 그러나 이런 말도 있습니다. 정치인은 대중의 인기만 따라다니면 안 된다는 것이지요. 민심이 항상 현명한 것은 아닙니다. 사람들의 감정이 늘 합리적이거나 이성적인 것은 아닙니다. 분노나 화가 끓어오른다고 해서 그것만을 따른다면 아마 사람들 사이에는 다툼이 끊이지 않겠지요. 하물며 한 나라를 좌지우지하는 정치가들이 냉철한 판단 없이 대중들의 감정에만 이끌려 다녀서야 되겠습니까?

강대국에 무조건 대들기보다는 우선 몸을 낮춘 뒤에 때를 기다리는 것이 현명한 정치가가 할 일이지요. 당시 금나라에 대항할 수 있는 나라는 없었습니다. 형식적 사대는 송나라에도 했던 것인데 금나라에 못할 것은 또 뭡니까? 그게 살아남는 길이라면 그렇게 해야 하므로, 사대를 선택했던 개경파는 합리적인 판단을 내린 것입니다. 시대를 냉철하게 분석해 본다면 개경파의 손을 들어 줄 수밖에 없을 것입니다.

판사 자, 어느덧 시간이 다 지나갔군요. 오늘 재판에선 원고 묘청이 서경 천도와 금나라 정벌론을 주장한 이유에 대해 들어 보았습니다. 또한 고려를 둘러싼 세계 정세가 어떻게 변화했는지 알아보고 그에 따른 대처 방안으로 서경파와 개경파 중 어느 쪽 주장이 옳은지를 들어 보았습니다. 양측의 의견을 들으니 당시 고려를 둘러싼 요나라와 금나라, 송나라 등 동북아시아의 세력 다툼과 변화를 알 수 있었습니다. 그럼 두 번째 재판에서 다시 보도록 하지요.

땅, 땅, 땅!

여진족을 정벌하기 위한 윤관의 별무반

여진족은 원래 만주에 근거지를 두고 고려의 북쪽 국경 지역에 살면서 고려에 조공을 바치며 고려를 부모의 나라로 섬기던 유목 민족이었습니다. 이 여진족은 고려에 말과 화살 등을 바쳤고, 농업 국가이던 고려는 이들에게 식량과 농기구 등을 주었습니다. 그런데 12세기 무렵이 되면서 거란족이 쇠퇴하자 이들 여진족이 동북아시아 지역에서 점차 강성해지기 시작했습니다. 이렇게 되자 이들은 함경도 지역의 동쪽 국경까지 내려와 고려와 자주 충돌하게 되었고, 고려의 백성들은 집이 불타고 약탈을 당하는 등 살기가 어렵게 되었습니다. 이에 1104년, 고려 숙종은 여진족을 정벌할 것을 명하고 특수 부대인 별무반을 조직했습니다. 별무반은 보병인 신보군, 기병인 신기군, 승려 부대인 항마군으로 구성되었지요. 그리고 윤관은 천리 장성을 넘어 고려의 중요한 지점이었던 영주, 공험진, 길주 등에 9성을 쌓았습니다. 하지만 이러한 동북 9성은 여진족의 근거지 깊이 자리하고 있어 점점 힘이 강해지는 여진족을 막아 내기에는 무리였습니다. 그래서 고려는 여진족으로부터 조공을 받기로 하고 동북 9성을 여진족에 내주게 되었습니다.

휴 정
인터뷰

다알지 기자

저는 지금 원고 묘청과 피고 김부식의 재판이 열리고 있는 한국사법정 앞에 나와 있습니다. 첫 번째 재판에서 원고 묘청은 비록 자신이 난을 일으킨 장본인이기는 하지만 그것은 고려를 위한 결단이었다고 주장하였습니다. 한편 인종 임금의 외할아버지이자 장인인 이자겸이 원고 측 증인으로 등장해 '이자겸의 난'을 설명했는데, 이로써 땅에 떨어진 고려 왕실의 권위를 다시 세우고자 했던 서경파의 주장이 설득력을 얻은 듯 보였습니다. 피고 측 이대로 변호사는 금나라, 남송, 고려를 둘러싼 삼국의 위태로운 정세를 설명하며 금나라를 섬길 수밖에 없었던 당시 상황을 설명했지요. 그럼 지금 법정을 나서고 있는 두 분 변호사를 만나 보겠습니다.

원고 묘청은 인종 임금이 김부식을 비롯한 개경 출신의 사대부에게 휘둘리는 것을 막기 위해 서경으로 도읍을 옮기고 고려의 자주성과 독자성을 회복할 것을 주장하였습니다. 그리하여 '묘청의 난'을 일으키게 되었고 칭제 건원과 금나라 정벌을 주장하였습니다. 반면 권력을 휘두르던 피고 김부식 등 개경파는 금나라를 주인으로 모실 것을 주장했습니다. 묘청이야말로 고구려의 기상을 이어 고려를 세운 태조 왕건의 북진 정책을 따른 진정한 충신이었습니다.

이대로 변호사

금나라를 정벌한다고요? 원고 묘청과 김딴지 변호사야말로 세상 물정 모르고 속 편히 하는 말이지요. 당시 금나라는 중국 땅을 손에 쥐고 천하를 호령하던 오만방자한 요나라를 무너뜨린 후 그 기세가 하늘을 찔렀습니다. 이러한 때에 금나라를 치는 것은 고려로서는 계란으로 바위를 치는 격이었지요. 그런데도 원고 측은 무턱대고 개경파를 사대사상에 물든 자들이라고 깎아내리더군요. 외교적 실리를 위해 어떤 것이 진정으로 고려를 위하는 일인지 따져 봐야 했습니다. 피고 김부식이 금나라와 친선 관계를 유지하고자 한 것이야말로 지혜로운 외교 정책이었지요.

재판 둘째 날

묘청의 주장은 무엇이었을까?

1. 고려의 유학자들은 사대주의에 물들었을까?
2. 서경 천도의 뜻을 꺾은 인종
3. 풍수지리설은 과연 믿을 만한 것일까?

교과연계

역사
Ⅳ. 고려의 성립과 변천
2. 무신 정권의 성립
(1) 정치적 위기에 직면한 고려

1 고려의 유학자들은 사대주의에 물들었을까?

판사 지난번 재판에서 묘청이 내세운 서경 천도 운동과 칭제 건원론, 금나라 정벌론 등이 과연 옳은 것이었나를 놓고 서경파와 개경파의 입장을 모두 들어 보았습니다. 가장 논란이 된 건 기세등등한 금나라를 놓고 고려가 어떤 입장을 취하는 것이 시대적으로 옳은 판단이었는가 하는 부분이었습니다.

오늘 재판에서는 고려 내부의 정세와 서경파와 개경파의 사상적 근거를 파헤치겠습니다. 참, 신라 말기부터 고려를 거쳐 조선 시대에 이르기까지 왕족부터 천민까지 두루 믿었던 풍수지리설도 빠뜨리지 말고 다루어 봅시다.

김딴지 변호사 지난번 재판에서 원고 묘청은 서경 천도나 금나라 정벌을 주장한 것이 나라를 위해 내린 결단이었다고 말했습니다. 개경파가 득세하여 나라를 뒤흔들었고, 이자겸의 난으로 인해 왕의 권위가 무너지고 나라의 기강이 해이해져서 새로운 사상과 정책이 필요했다는 주장이었습니다. 그에 대한 대안으로 처음 나라를 세운 이념인 '고구려의 정신'으로 돌아가야 나라의 기틀을 바로잡을 수 있다는 것이었지요. 하지만 이런 주장은 사대사상에 빠진 개경파의 반대에 부딪히게 됩니다.

이대로 변호사 이의 있습니다. 원고 측 주장은 일견 그럴듯하나 당시 시대적 상황과는 맞지 않는 것입니다. ▶또한 개경파가 사대사상에 물들었다는 원고 측 주장은 지나친 판단입니다. 원고 측은 개경파가 사대사상에 물든 몹쓸 무리로, 금나라를 숭상한 나머지 나라의 독립적인 발전을 꾀하지 않았다고 매도하고 있습니다. 그러나 피고 김부식 등 개경파는 무조건 금나라를 찬양하는 생각 없는 사람들이 아니었습니다. 원고의 주장이 너무 일방적이므로 피고의 주장도 들어야 한다고 생각합니다.

김딴지 변호사 판사님, 저도 피고의 이야기를 한번 들어 보는 게 좋다고 생각합니다. 원고의 주장에 대한 피고의 생각을 속 시원히 직접 들어 보고 싶군요.

"『삼국사기』를 쓴 그 사대주의자 말인가?"

"김부식의 『삼국사기』는 우리나라의 자주국으로서의 자존심을 꺾어 놓았어!"

웅성거리는 방청객을 뒤로하고 피고 김부식이 당당하

교과서에는

▶ 고려는 이자겸의 난으로 왕실의 권위가 떨어지고 위기를 맞고 있었습니다. 또한 내부에서는 이자겸의 주도 아래 고려가 금나라와 사대 관계를 맺은 데 대해서 불만을 표시하기도 했습니다.

지나
중국 본토를 이르는 명칭입니다. 신채호는 '세상의 중심'이란 의미를 지닌 '중국' 대신 '지나'라고 불렀습니다.

『동이열전』
예전에 중국은 동쪽에 사는 다른 민족을 동쪽의 오랑캐라는 뜻으로 '동이'라 불렀는데, 이에 관한 이야기를 열전으로 엮은 책입니다.

주석
문장이나 단어에 대해 이해하기 쉽도록 설명을 붙인 글을 말합니다.

게 걸어 나왔다. '고려 최고의 문장가'라는 찬사를 떠올리며 공부만 했을 샌님의 모습을 생각하던 방청객들은 예상과는 다른 김부식의 다부진 체격에 다들 놀라워했다.

판사 원고 측 변호인, 신문을 시작해 주세요.

김딴지 변호사 피고는 『삼국사기』를 쓴 저자가 맞지요?

김부식 네, 맞습니다. 그러나 여기서 정확히 짚고 넘어갈 사항이 있습니다. 『삼국사기』의 집필을 위해 열한 명으로 구성된 편찬 위원들이 있었고 나는 그중 편찬 위원장이었습니다. 『삼국사기』를 나 혼자 쓴 것으로 오해하는 사람도 많기에 미리 밝혀 두는 것입니다. 나는 지금으로 치자면 국사편찬위원회의 위원장이었던 셈이지요.

김딴지 변호사 일찍이 일제 시대 독립운동가였던 단재 신채호 선생은 『조선상고문화사』에서 『삼국사기』에 대해 이렇게 평했습니다. "『삼국사기』를 지을 때 김 씨의 마음은 이를 독립의 조선사로 지은 것이 아니라 지나 역대사 가운데 『동이열전』의 주석으로 자처함이 명백하도다"라고요. 여기서 김 씨는 피고 김부식을 가리키는 말입니다. 피고, 이 같은 신채호 선생의 평가대로 『삼국사기』는 사대사상을 갖고 쓴 것이 분명하지요?

김부식 아닙니다. 『삼국사기』가 오늘날 사대주의 역사서라는 비판을 호되게 듣고 있는 것은 잘 알고 있습니다. 그러나 『삼국사기』를 잘 들여다보면 여러 측면이 섞여 있는 것을 알 수 있습니다. 만약 사대사상에 따라 모든 역사를 썼다면 당나라 태종에 대한 호칭도 천자라는 뜻의 '제'라는 용어를 써야 합니다. 그런데 군데군데 당나라 태종을 신하라는 뜻의 '당주'라고 쓰기도 했지요. 이때는 고구려의 임금을 천자로 쓴 것이지요. 이렇게 고려를 '황제의 나라'라고 생각하는 편찬 위원들은 고구려가 중심 국가요, 당나라가 변방 제후국 즉 '신하의 나라'라고 생각했습니다. 또 삼국의 왕은 모두 황제의 언행을 다루는 본기에 소개되지요. 만약 '신하의 나라'라고 생각했다면 신하들의 일을 쓰는 열전에 실었어야 맞지요. 따라서 『삼국사기』는 많은 사람들의 오해와는 달리 자주적인 면이 꽤 드러나 있습니다. 읽거나 연구해 보지도 않고 무조건 비난하는 것은 정말 그릇된 태도입니다.

본기
왕에 관한 중요한 업적이나 사건을 기록한 책입니다. 반면에 왕을 제외한 여러 인물에 관해 기록한 책을 열전이라 합니다.

해동
중국의 동쪽에 있는 나라라는 뜻으로 한국을 가리키는 다른 말입니다.

김딴지 변호사 고려 최고의 문장가답게 구렁이 담 넘어가듯 잘 빠져나가시는군요. 그럼 사대적인 면과 자주적인 면이 함께 있다는 주장인데요. 그처럼 표현이 뒤섞이게 된 까닭은 무엇입니까?

김부식 지금도 그런 일이 자주 일어나지 않습니까? 서로 생각과 입장이 다른 사람들이 편찬 위원으로 모였기 때문이지요. 중국 중심의 사관을 지닌 사람과 해동 중심의 사관을 지닌 사람이 맞붙어 싸우는 격이었지요. 고려는 신라를 계승한 왕조라고 생각한 사람은 중국 중심의 사관을 가졌고, 이와는 달리 고구려를 계승했다고 생각하는 사람은 고구려와 고려가 천자의 나라라고 생각했습니다.

김딴지 변호사 피고의 주장대로 사대사상과 자주사상이 한데 붙어 싸웠다는 얘긴데요. 그렇다면 편찬 위원장이었던 피고는 어떤 생각을 가지고 있었습니까?

김부식 나는 경주에서 태어난 신라 왕실의 후예입니다. 비록 고려에 발을 들이긴 했지만 신라의 영향을 받고 자랐다는 것을 부인할 수 없지요. 또한 어릴 때부터 공자와 맹자의 사상을 공부하고 유학을 실천하는 것을 평생의 업으로 여겼으니 아무래도 중국 중심이었을 것입니다.

김딴지 변호사 편찬 위원이 여러 명이었다고는 하나 편찬 위원장이라면 총책임을 지고 책의 전반적 내용에 영향을 끼칠 것이 당연하군요. 그렇다면 『삼국사기』는 사대주의 계열의 사서라고 보아도 무방하겠네요?

김부식 그런 점이 있다는 것은 저도 인정합니다. 하지만 오늘날 여러 사람들이 물고 뜯을 만큼 사대주의 일색은 아니었습니다. 『삼국사기』가 완성된 뒤 인종 임금께 올린 「진삼국사표」는 제가 혼자 쓴 것인데, 저는 여기에서 인종 임금을 '성상 폐하'라고 불렀습니다. '황상 폐하'와 동격의 표현이지요. 고려의 신하인 저도 고려의 임금을 천자라고 생각했던 것입니다.

김딴지 변호사 판사님, 들으신 대로 피고도 『삼국사기』의 사대적 성격을 인정하고 있습니다. 몇 가지 자잘한 예외 때문에 『삼국사기』가 사대적 성격의 역사서가 아니라고 옹호해서는 안 됩니다. 『삼국사기』에는 삼국 임금의 죽음을 '훙'이라고 기록하고 있습니다. 백제 무령왕릉의 묘비석에 써 있는 '천자가 죽었다'는 표현인 '붕'을 제멋

대로 고쳐 쓴 것입니다. 삼국의 왕을 천자로 인정하지 않는 중국의 시각을 고스란히 반영한 것이지요. 이는 조선 왕조가 『고려사』를 편찬할 때처럼 자기 입맛에 맞게 고쳐 기록한 것입니다. 이래도 김부식을 대표로 한 개경파가 사대사상에 물든 것이 아닙니까?

병자호란
조선 인조 14년(1636)에 청나라가 침입한 전쟁을 말합니다. 청나라 태종은 조선에 신하가 될 것을 요구했는데 조선이 이를 따르지 않자 전쟁을 일으켰고, 인조는 삼전도에서 항복하고 청나라에 신하의 예를 다하기로 화약을 맺었습니다.

김딴지 변호사가 목소리를 높이자 자리에 앉아 듣고 있던 이대로 변호사가 벌떡 일어섰다.

이대로 변호사 이의 있습니다! 원고 측의 주장과는 달리 김부식을 비롯한 고려의 유학자들은 자주성이 강했습니다. 물론 여러 면에서 『삼국사기』는 일관성 없고 모순된 표현이 많다는 건 인정합니다. 그렇다고 해도 중국을 모두 옹호하고 무조건 따른 것은 아닙니다. 위협적이던 북방의 요나라와 중요한 교역 상대이던 송나라와의 외교 관계를 의식하여 '외왕내제' 한 것을 무조건 사대 한 것이라고 비난할 수는 없습니다. 나라를 지키려고 잠시 고개를 숙인 것이 큰 흠은 아니지 않을까요? 발해의 경우에도 강대국이었던 당나라와의 전쟁을 피하기 위해 이 같은 정책을 펼쳤습니다. 그런데 여러분은 발해를 사대적이라고 비난하지는 않지요? 마찬가지로 같은 정책을 꾀한 고려 유학자들을 사대적이라고 손가락질할 수만은 없습니다. 오히려 합리적이고 중도적이라고 표현해야 옳지요. 조선의 유학자들과 비교해 봐도 큰 차이가 있습니다. 병자호란 때 조선의 많은 유학자들은 조선 왕조보다 중국의 명나라가 무사한지를 우선하였습니다. 조선 왕조는 무너져도 명나라는 지켜야 한다는 생각이었지요. 제 나라보다 형님 나라를 더 챙기는 조선의 유학자들을 사대주의자라고 비판하는 것은 당연합니다. 그러나 피고 김부식을 비롯한 당시 고려의 유학자들은 그렇지 않았습니다.

판사 고려의 유학자들이 자주적이었다는 걸 보여 줄 다른 증거라도 있나요?

이대로 변호사 네, 있습니다. 당시 고려보다 강대국이던 송나라가 전쟁을 벌이면서 고려에 파병을 요청해 왔을 때 원고를 비롯한 개경파는 고려에는 아무 도움도 안 되고 송나라에만 좋은 일을 시키는 일이라며 파병을 거절했습니다. 정말 고려 유학자들이 사대주의적이었다면 형님 나라인 송나라를 돕는 일에 발 벗고 나서야지 이득이 없다고 단칼에 거절했을까요? 오히려 금나라를 쳐야 한다는 서경파의 주장이야말로 송나라를 돕고자 했던 것은 아니었을까요?

김딴지 변호사 이의 있습니다. 판사님, 피고 측은 교묘한 말재간으로 사람들의 판단을 흐리고 있습니다.

이대로 변호사 역사는 여러 측면에서 살펴보아야 합니다. 원고 측은 고려 개경파가 고약한 사대주의자라고 주장하고 있습니다. 그러나 다른 측면에서 보았을 때 서경파의 주장은 또 다른 사대주의를 보여 주는 것이라는 게 저희 측의 주장입니다.

판사 또 다른 사대주의라니요? 교묘한 말장난으로 보이는군요. 쓸데없는 입씨름을 삼가고 다시 본론으로 돌아갑시다. 원고 측의 주장으로 보나 피고의 증언으로 보나 고려 개경파가 어느 정도 사대주의 사상을 갖고 있었던 것으로 보입니다.

이대로 변호사 그 말을 모두 부정하지는 않겠습니다. 어느 정도는 그 같은 생각을 가지고 있었지요. 그러나 고려의 유학자들이 조선의 사대주의적인 권세가들과 한데 묶여 난도질당할 만큼 지나친 사대주의자는 아니었다는 것을 말하고 싶은 겁니다. 고려 임금은 수많은 외국 상인이나 외교 사절 앞에 나설 때 황제만이 입을 수 있는 황포를 입고 나오는데, 이때 고려의 신하들은 왕에게 외치는 '천세' 대신 '만세'를 외치지요. 만약 중국의 눈치만 보았다면 이 같은 일은 공공연하게 벌어지지 않았을 것입니다. 고려 조정은 천자의 조정인 '천정'이라고 불렸고, 외국 사람들은 고려 황제를 '해동 천자'라고 불렀습니다. 해동 천자의 '해동'은 한반도를 가리키는 말이고, '천자'는 아시다시피 황제를 부르는 말이었지요. 이처럼 고려 안에서는 조금도 중국의 위협이나 눈초리를 의식하지 않았습니다.

판사 알겠습니다. 고려 유학자들이 사대주의 사상을 어느 정도 가지고 있었으나 조선 유학자들처럼 중국에 무조건 충성하는 지나친 사대주의자는 아니었다는 주장이로군요. 어느 정도 자주성을 가지고 있었다는 주장으로 받아들이겠습니다.

그럼 피고에게 직접 묻겠습니다. 서경파가 주장한 칭제 건원, 서경 천도, 금나라 정벌에 대해 반대했는데, 왜 그런 것입니까?

김부식 나라의 땅을 넓히고 부강하게 만들겠다는 데 반대할 사람이 어디 있겠습니까? 하지만 묘청을 비롯한 서경파가 주장한 금나라

정벌은 당시 상황을 생각해 보면 터무니없는 주장에 불과했습니다. 당시 고려는 간신히 이자겸의 난을 진압한 때였고, 폐하께선 왕실을 지키는 데 더 힘을 쏟아야 할 때였습니다. 내 가정이 파탄 날 지경인데 어찌 다른 집과 전쟁을 벌이겠습니까? 내 집을 먼저 추슬러서 집안이 잘 돌아가도록 지켜야지요. 게다가 과연 고려가 금나라를 칠 만큼 큰 힘을 가지고 있었는지 살펴보아야 했습니다.

판사　피고의 말대로 당시 고려의 국력과 군사력을 점검해 볼 필요가 있었던 것으로 보입니다. 첫째 날 재판에서도 피고 측은 고려가 금나라와 전쟁을 벌였다면 승산이 없었다고 판단하였지요?

김부식 그렇습니다. 당시 금나라는 비록 중국 영토를 호령할 만큼 대단한 세력은 아니었으나 그 기세만큼은 압도적이었지요. 게다가 점점 세력을 확장해 가고 있어서 서경파의 주장대로 고려가 단숨에 쳐부술 만큼 약한 상대가 결코 아니었습니다. 금나라 주변 나라들도 점점 부상하는 금나라의 힘을 인식하고 평화롭게 지내려고 노력하고 있을 때였습니다. 금나라와 전쟁을 벌인다면 이기기는커녕 통째로 집어삼켜질지도 모르는 일이었습니다. 그처럼 위태로운 주장을 두 손 벌려 환영할 수는 없는 노릇이었지요. 섣부른 판단으로 나라를 호랑이 입속에 처넣을 수는 없었습니다.

강감찬
고려 시대의 이름난 장군입니다. 거란이 10만 대군을 이끌고 쳐들어왔을 때 서북면 행영 도통사로서 상원수(上元帥)가 되어 흥화진에서 적을 무찔렀으며 달아나는 적을 귀주에서 크게 물리쳤습니다.

김딴지 변호사 이의 있습니다, 판사님! 피고는 고려가 금나라와 상대가 안 될 정도로 약한 나라였다고 주장하는데 그것은 역사적 사실과는 다릅니다. 이미 고려에는 강감찬 장군이 거란의 10만 대군을 무찌른 자랑스러운 전적도 있습니다. 전쟁에서 승리하는 것은 어느 쪽이 될지 실제로 붙어 보지 않고서는 아무도 모르는 일입니다. 벌어지지도 않은 전쟁을 두고 지나치게 방어적인 입장을 취하는 것은 비겁한 태도입니다. 이는 바로 개경파의 몸보신 전략이기도 하지요.

이대로 변호사 판사님, 원고 측 변호인은 억지 주장을 펴면서 피고의 인격을 모독하고 있습니다.

판사 받아들입니다. 원고 측 변호인은 엄숙한 법정에서 예의를 갖춰 주세요.

김딴지 변호사 알겠습니다.

이대로 변호사는 김딴지 변호사를 눈으로 흘기고 다시 변론을 하기 위해 목소리를 가다듬었다.

이대로 변호사 판사님, 김딴지 변호사가 조금 전 말한 ▶강감찬 장군의 귀주 대첩은 고려 내에서 벌인 방어전이었기 때문에 유리했습니다. 원정전과 달리 방어전은 적에 비해 유리한 점이 많습니다. 지형에 익숙하고 식량 조달이 쉬우며, 적의 식량 보급도 손쉽게 차단할 수 있습니다. 특히 험한 산성을 끼고 성을 지키는 방법을 쓰면 적은 병력으로 훨씬 많은 수의 적군을 물리칠 수 있지요.

판사 일리가 있는 말이군요.

이대로 변호사 반대로, 만약 귀주 대첩이 나라 안에서 벌어진 게 아니라 나라 밖에서 벌어진 것이라면 어떠했을까요? 만약 원정전이었다면 도리어 고려군이 섬멸될 수도 있었습니다. 동방 원정을 나선 카르타고의 한니발 장군이 군사력이나 지략이 모자라서 패한 것일까요? 바로 원정전이었기에 뼈아픈 패배를 경험한 것입니다. 고려는 금나라의 침공을 막을 정도의 힘은 있을지 몰라도, 금나라로 쳐들어가 승리를 거둘 만큼 대단한 군사력이나 국력을 가지고 있지 못하

교과서에는

▶ 거란의 3차 침입 때 강감찬이 지휘한 고려의 군사는 귀주에서 거란군을 거의 전멸시켰는데(1019) 이를 귀주 대첩이라 합니다. 이 전쟁이 끝나고 두 나라는 서로 강화를 맺어 사신을 교환하였습니다.

다는 게 당시 개경파의 판단이었습니다. 나라를 몰살시킬 위협에서 지켜 낸 개경파가 단지 사대주의 사상을 지닌 유학자라는 이유로 무조건 욕을 먹어야 하는 걸까요? 과연 나라를 사지로 몰려고 한 묘청이 애국자입니까, 나라를 지키려고 반대한 개경파가 애국자입니까?

이대로 변호사는 말을 다 마치고 손수건을 꺼내 비 오듯 흐르는 땀을 닦았다.

"개경파의 주장이 다 나쁜 건 아니네!"

"사실 금나라를 치자는 주장은 비현실적이었을지도 몰라."

이대로 변호사의 주장에 사람들이 동조하는 분위기가 느껴지자 김딴지 변호사는 방청객들의 마음을 돌리려 서둘러 일어섰다.

김딴지 변호사 전쟁에서 승리하는 게 누가 될지는 아무도 모르지요. 만일 역사가 되돌려져서 금나라와 맞붙는다고 할 때 고려가 이길지 또는 질지 누가 장담합니까? 세계 여러 나라의 역사는 단지 군사력이나 국력만으로 전쟁에서 승리한 건 아니라는 걸 보여 주고 있습니다.

김부식 판사님, 저는 사실 금나라 정벌론이 이처럼 심각하게 다루어지는 이유를 모르겠습니다. 당시 금나라와 정말로 전쟁을 벌이려고 마음먹은 사람은 그 누구도 없었을 것입니다. 신흥 강국인 금나라를 선불리 건드린다는 건 섶을 지고 불에 뛰어드는 것과 다를 바 없는 일이었기 때문입니다.

금나라가 요나라를 정복한 다음 해, 금나라를 두려워한 송나라가 사신을 보내 금나라를 공격해 달라고 요청한 적이 있었지요. 그때 누구라 할 것 없이 모두 반대하였지요. 북송이 무너지고 남송이 세워진 뒤 남송의 사신이 와서 금나라에 끌려간 두 황제 휘종과 흠종을 데려오기 위해 뱃길을 빌려 달라고 했을 때도 모두 거절하였지요. 고려의 개경파가 덩치 큰 나라에 무조건 머리를 조아리는 사대주의자였다면 송나라의 부탁도 감히 거절하지 못했을 것입니다.

2

서경 천도의 뜻을 꺾은 인종

판사 　사대주의에 대한 양측의 의견을 잘 들었습니다. 그렇다면 이제 당시 고려 안은 어떻게 돌아가고 있었는지 자세히 살펴봅시다. 첫날 재판에서 이자겸의 난이나 묘청의 서경 천도 운동이 언급되었지만 좀 더 자세한 설명이 필요하다고 생각합니다. 피고 측 변호인의 변론부터 들어 볼까요?

이대로 변호사 　그러지요. 고려를 둘러싼 동북아시아가 급변하는 것 만큼 고려 안도 사정은 크게 다르지 않았습니다. 바람 앞의 등불이라고 할 만큼 절박했지요. 나라 안팎을 정비하고 학문에 힘썼던 예종 임금이 마흔넷의 나이로 죽은 것이 화근이었습니다. 인종 임금이 열넷의 나이로 나랏일을 맡게 되자 어린 황제를 손아귀에 넣고 휘두르려는 자들이 많았습니다. 이러한 때에 외할아버지 이자겸은 왕의 이모

풍수지리설
산세나 지형에 따라 길흉화복, 즉 좋은 일과 나쁜 일이 생길 수 있다는 말입니다.

뻘인 자신의 딸 둘을 인종 임금에게 시집보내고 실권을 손에 쥐었지요. 권력을 손에 쥐고 휘두르던 이자겸은 결국 1126년에 스스로 황제가 되고자 군사를 이끌고 궁궐에 들어와 궁을 불태웁니다. 이 반란은 간신히 진압되었으나 고려 왕조의 권위는 땅에 떨어졌습니다. 당시 사람들은 대부분 풍수지리설을 믿었는데 그건 왕도 예외가 아니었습니다. 일이 이렇게 되자 개경 땅이 올바른 궁궐 터가 아니어서 이 같은 변을 당하게 된 것일지도 모른다고 생각하던 참에 묘청 등 서경파 인사들이 나타난 것입니다. 마른 장작에 불을 지피듯 서경파는 인종 임금을 부채질했습니다.

김딴지 변호사 말씀 한번 잘하셨네요. 그 같은 변란을 겪었으면 뭔가 일대 쇄신을 단행하는 것이 당연하지 않습니까?

이대로 변호사 그런 생각이 들 수 있다는 건 어느 정도 이해하지만 그것을 개경이니 서경이니 땅 탓으로 돌리는 건 말이 안 되지요. 정치 제도나 방침을 바꾸어야지, 수도를 옮긴다고 근본적인 문제가 해결되겠습니까? 게다가 원고는 풍수지리설과 말솜씨에 능한 일개 승려에 불과했습니다. 세상을 등진 승려라면 욕심을 버리고 도를 닦아야 하건만 왕 옆에서 궤변만 늘어놓아 홀려 놓다니 이게 어디 될 말입니까?

김딴지 변호사 이대로 변호사, 말씀을 삼가세요! 일개 승려라뇨? 궤변만 늘어놓다뇨? 그게 궤변에 불과했다면 인종 임금이 왜 원고의 말에 귀를 기울였겠습니까?

이대로 변호사 어린 나이에 죽음의 위기를 넘기고 궁궐마저 불타

버린 인종 임금에게 원고가 늘어놓은 새 보금자리 얘기는 정말 귀에 착 달라붙는 말이었을 것입니다. 생각해 보십시오. 누구든 너무 힘든 일을 겪으면 훌훌 털어 버리고 다른 곳으로 떠나고 싶은 마음이 간절해지지 않겠습니까? 새로운 곳에 터를 잡고 새 삶을 시작하고 싶을 테지요. 인종 임금도 마찬가지로 '새 술은 새 부대에' 담고 싶은 심정에 그런 말에 귀를 기울인 거지요.

김딴지 변호사 새 술은 새 부대에! 좋은 말씀입니다. 바로 그거예요! 인종 임금은 개경에 뿌리를 내린 귀족 세력인 이자겸, 척준경 등의 무리에게 상당히 지쳐 있었습니다. 이들 때문에 제대로 왕권 한번 휘둘러 볼 수 없었으니까요. 또 개경파가 계속 세력을 다툰다면 일대 개혁이 어렵겠다는 판단을 한 거지요. ▶그렇기에 도읍을 새로운 곳인 서경으로 옮기고 새로운 인재들과 제도로 새로운 정치를 펼치고 싶었던 겁니다. 이건 지극히 당연한 것 아닙니까? 그때 인종 임금의 눈에 들어온 것이 바로 새로운 무리인 서경파였던 것입니다. 서로 필요한 시기에 적절하게 만난 것이지, 요망한 비술로 임금을 꼬드긴 것이 아니란 말입니다!

이대로 변호사 그렇다면 인종 임금은 왜 나중에 그 같은 결심을 바꾸고 서경으로 도읍을 옮기지 않았을까요? 뒤늦게나마 그 같은 결정이 옳지 않다는 걸 깨달았고, 서경파 역시 지나치게 세력을 키워 자신의 눈과 귀를 가리려 한다는 걸 알았기 때문이지요. 서경파가 개혁 세력이라고요? 원고가 나라를 위해 헌신한 독립투사라도 됩니까? 자신의 입지가 불분명해지자 왕의 명령도 어기고 난을 일으킨 쿠데타 세력의 우두머리가 아닙니까?

교과서에는

▶ 인종은 이자겸의 난 이후 약화된 왕권을 회복하고 민심을 안정시키고 국력을 기르기 위한 개혁을 추진하였지요.

김딴지 변호사 뭐요, 쿠데타 세력? 나라를 위해 큰 결정을 내리고 몸 바친 사람을 어찌 그리 매도할 수가 있단 말입니까? 판사님, 이의 있습니다. 피고 측 변호인은 원고의 인격을 모독하고 있습니다.

판사 받아들입니다. 그리고 한 가지 더! 지금 양측 모두 지나치게 격분하고 있습니다. 서로를 모독하는 변론을 삼가고 증거에 따라 충실하게 변론하도록 권고합니다.

양측 변호인은 지나치게 흥분한 탓인지 으르렁거리는 태도를 쉽사리 거두어들이지 못했다. 이를 본 판사는 양쪽 변호인을 불러 자제할 것을 당부했다.

판사 이 논쟁을 둘러싼 인종 임금의 본심은 어떤 것인지 직접 듣고 싶군요.

이대로 변호사 네, 판사님. 인종 임금도 직접 나와 당시의 심정을 솔직하게 터놓고 싶다는 뜻을 비쳤습니다.

판사 알겠습니다. 그럼 증인은 나와서 선서해 주세요.

"뭐야? 인종 임금이 직접 나왔다는 말이야?"

인종이 증인석에 등장하자 방청석은 일순간 숙연해졌다.

"어린 나이에 왕의 자리에 올라 갖은 고초를 겪었으니, 인종 임금도 참 딱하지."

인종은 고고한 자태로 나와 증인석에 차분히 앉았는데, 얼굴에는 수심이 가득했으나 은근한 기품이 엿보였다.

인종 선서. 나는 진실만을 말할 것을 맹세하오.

인종에게 다가간 이대로 변호사는 예의를 갖추려고 깊이 고개를 숙여 인사를 했다. 인종은 고개를 한 번 끄덕여 이대로 변호사의 인사를 받았다.

이대로 변호사 증인은 그간의 재판 과정을 낱낱이 지켜보셨을 것으로 생각됩니다. 지금 이곳은 원고 묘청이 과연 반역자인가 자주적인 개혁가인가를 가늠하는 자리입니다. 가장 가까이에서 원고를 지켜보셨고 원고가 일으킨 난도 보셨습니다. 원고를 대표로 한 서경파의 의견을 좇지 않은 것은 정말 크나큰 결단이었습니다. 그럼에도 불구하고 처음 원고를 가까이한 데에는 이유가 있었을 것이라 생각합니다. 이 점에 대해 허심탄회하게 말씀해 주시기 바랍니다.

김딴지 변호사가 피고 측 변호인의 말에 화가 나서 자리에서 벌떡 일어나려는 기색이 보였다. 그러나 원고인 묘청이 말리자 어쩔 수 없이 제자리에 털썩 주저앉았다. 묘청의 눈은 또렷하게 인종을 향해 있었다.

인종 이승 사람이 아닌 내가 이제 와서 무얼 숨기겠소. 내 속을 다 드러내는 심경으로 말하리다. 나는 열네 살이란 어린 나이에 왕의 자리에 올랐소. 나이 많은 숙부들은 나를 몰아내고 왕의 자리에 오르려고 호시탐탐 기회를 엿보고 있었소. 나는 열한 살에 왕이 되어 갖은 음모에 시달리다 불과 1년 뒤 내 할아버지인 숙종 임금께 자리를 넘긴 헌종 임금처럼 될까 봐 내심 두려웠소. 외할아버지인 이자겸이 반대 세력들을 제거하지 않았다면 그 같은 전철을 밟았을 수도 있었을 것이오.

이대로 변호사 하지만 이자겸은 결국 증인을 등에 업고 온갖 세도를 부리는가 하면 결국 증인의 자리를 직접 위협한 사람이 아닙니까? 게다가 증인을 이모들과 혼인시킨 것만 봐도 그렇습니다. 얼마나 권모술수에 능했을지 안 봐도 훤히 알 수 있습니다.

전철
앞서 지나간 수레바퀴의 자국이란 뜻으로, 이전 사람의 잘못된 행동 등을 말합니다.

권모술수
뜻을 이루기 위해 수단과 방법을 가리지 않고 계략을 꾸미는 것을 말합니다.

권신
권력을 차지한 신하입니다.

인종 그렇소. 내가 나이가 어리다 한들 그걸 몰랐겠소? 이자겸이 내 자리를 넘보는 사람들을 제거한 것은 좋은 일이었지만, 충신들까지 모두 제거한 것은 권력을 자기 손에 쥐겠다는 의도였소. 그걸 모르는 바는 아니나, 당시 나는 힘이 미약했소. 나를 따라 줄 신하도 부족했고, 이자겸의 신세를 졌으니 선뜻 그를 내칠 수도 없는 노릇이었소.

이대로 변호사 권신 이자겸은 도를 지나친 일을 거듭하였지요? 그런 이자겸의 행실을 두고 볼 수 없었던 피고 김부식이 이를 나무란 적이 있다고 들었습니다.

인종 그렇소. 이자겸은 자신의 집을 '의친궁'이라 이름 붙이고 자신의 생일을 '인수절'로 부르게 했소. 그건 알다시피 왕만 붙일 수 있는 것이었소. 그러자 당시 예부시랑 자리에 있던 김부식이 이자겸을 나무랐소. 어찌 신하 된 자로서 생일에 '절'이란 말을 붙일 수 있느냐는 거였지요. 그렇지만 이자겸의 욕심은 이것으로 끝나지 않았소.

십팔자위왕설
한자로 '십팔자(十八子)'가 왕이 된다는 말로, 이 한자를 합치면 성씨로 '이(李)'가 만들어져 '이(李)'씨 성을 지닌 사람이 왕이 된다는 이야기가 널리 퍼진 것을 말합니다. 왕위를 차지하려고 호시탐탐 기회를 엿보고 있던 이자겸은 이 소문을 듣고 인종을 없애고자 여러 가지 계략을 꾸몄지만 모두 실패했습니다.

왕보다 더한 권세를 누렸지만, 그래도 내 자리가 탐나는 모양이었소. 이자겸이 왕이 된다는 뜻의 '십팔자위왕설'을 널리 퍼뜨렸고, 결국 난을 일으켜 나를 방 안에 가두고 위협하기도 했소. 나는 그 힘에 못 이겨 왕의 자리를 내주겠다고 할 수밖에 없었소. 정말 부끄럽고 참담한 일이었소.

당시 상황이 다시 떠올랐는지 인종은 잠시 말을 잇지 못했고 방청객들도 숙연해졌다. 비록 왕이지만 어린 나이에 죽음을 넘나드는 위협을 당한 인종의 처지를 떠올린 모양이었다.

이대로 변호사 이자겸의 난으로 궁궐까지 불타니 증인이 개경의 귀족 세력에게 정나미가 떨어진 것은 당연한 일일 것입니다. 그렇지만 아무리 그렇다 하더라도 나라의 왕이 일개 승려에 불과했던 원고를 가까이하고 풍수지리설에 현혹되어 서경 천도를 고려한 것은 지나친 것이 아닐까요?

인종 나는 왕의 자리에 오른 뒤 늘 위태롭고 번민으로 가득한 삶을 살았소. 거기에 궁궐마저 불타자 개경에 정나미가 떨어졌소. 무엇보다도 왕권을 강화하고 땅바닥까지 떨어진 왕실의 권위를 회복하는 게 최우선 과제였소. 이자겸을 비롯한 개경 귀족들의 세력을 누르고 왕권을 키우기 위해서는 나를 지지해 주는 새로운 인물들이 필요했어요. 바로 그때 신하 중 한 명이던 정지상이 묘청이란 불가사의한 인물을 소개한 거라오.

이자겸 인수절
'십팔자(十八子)'가 왕이 된대.
이(李)씨 성을 가진 사람이 왕이 된다며?
그렇다면 이자겸이 왕이 된다는 말인가?
빙고!

이대로 변호사 증인도 풍수지리설을 믿고 계셨지요? 원고는 그 같은 마음을 알고 술수를 부리는 데 능한 자였고요?

인종 묘청을 내세운 서경파의 주장은 당시 내 마음을 대변하는 것 같았소. 서경으로 도읍을 옮기겠다는 생각은 비단 나 혼자만 한 게 아니라오. 새로운 변화가 필요할 땐 어느 임금이라도 한 번쯤 해 보던 생각이었지……. 물론 나 역시 풍수지리설을 믿었소. 당시 이 같은 생각은 누구나 품었던 것이었소. 개경에 재난이 자주 일어나는 것도 땅의 기운이 쇠하였기 때문이란 생각이 들게 했지요.

인종의 말이 끝나자 방청석에서는 동정의 목소리가 여기저기서 들렸다.

"개경에서 변란을 겪고 나니 그런 생각이 들기도 했을 거야."

"어린 나이에 너무 심한 일을 당했군."

인종은 온화한 얼굴로 방청석을 한 번 휘 돌아보았다.

이대로 변호사 서경으로 도읍을 옮기고 싶었던 마음은 충분히 이해합니다. 그러나 수도를 옮기는 건 신중을 거듭해야 하는 일이지요. 결국 서경 천도는 원고 혼자 저지르고 말았지요. 그럼 서경 천도는 그렇다 치고, 금나라 정벌론을 찬성한 이유는 무엇입니까? 금나라는 세력이 강한 데다 그동안 몸을 웅크리고 있던 고려에 이를 갈고 있던 시점이 아니었습니까? 당시 정세를 파악하지 못했던 것이 아닌가요?

김딴지 변호사 이의 있습니다. 피고 측 변호인은 증인을 지나치게 몰아세우고 있습니다.

판사 인정합니다.

이대로 변호사 아닙니다, 판사님. 증인이 원고의 의견을 받아들인 이유가 낱낱이 드러나야 합니다. 또한 그것이 잘못된 판단이었는지 옳은 판단이었는지 직접 들어 볼 필요가 있습니다.

판사 알겠습니다. 그렇지만 예의를 갖춰 주십시오. 그럼 증인은 신중히 답변해 주세요.

인종 왕실의 권위를 되살리기 위해 동의한 것이오. 대내외적으로 실추된 왕실의 권위를 회복하기 위해서는 사람들의 마음을 돌릴 큰 결단이 필요했소. 나라 안에서 싸움이 났을 땐 그 눈을 나라 밖으로 돌리게 해야 하오. 그 비책이 바로 금나라 정벌론이었소. 고려 초부터 신하의 예를 다했던 여진족에게 반대로 고개를 조아릴 수 없다는 것이 그 당시 조정과 백성의 정서였소. 금나라 정벌은 이 같은 백성들의 마음을 달래고 모든 계층을 아우를 수 있는 지름길이었소. 금나라를 치려면 노비부터 귀족에 이르기까지 조직을 다시 정비할 수밖에 없질 않소? 비상사태에는 늘 그렇듯이 말이오. 조직을 재정비하면 자연스럽게 군 통수권자인 왕에게로 권력이 집중되게 마련이오. ▶금나라 정벌은 지나치게 세력이 커진 개경 문벌 귀족을 억누르려는 왕실의 의지를 반영한 것이었소.

이대로 변호사 증인은 왕권 강화를 위해 서경파의 주장

교과서에는

▶ 이자겸을 비롯한 고려의 일부 문벌 귀족 세력은 금나라와 정치적으로 타협하려는 성향이 있었습니다. 하지만 인종을 중심으로 하는 세력은 이자겸의 권력에 반대하고 나섰습니다.

을 받아들였다고 하셨는데 갑자기 입장을 바꿔 서경 천도의 뜻을 꺾은 이유는 무엇인가요?

인종 내가 이 변호사에게 하나 묻겠소. 왕조에는 두 가지 적이 있는데 그게 뭔지 아시오?

이대로 변호사는 인종의 갑작스런 질문에 당황한 기색이 역력했다. 그때 옆자리에 있던 김부식이 귀엣말로 무언가를 알려 주었다. 이대로 변호사가 목소리를 가다듬었다.

이대로 변호사 에헴. 피고에게 들은 대로 답변하겠습니다. 하나는 내부의 적, 다른 하나는 외부의 적입니다.

인종 잘 대답했소. 이자겸 같은 권신이 바로 내부의 적이고, 외부의 적은 당연히 다른 나라요. 어느 나라를 막론하고 외부의 적을 무시했다가는 그 나라가 멸망하고 말아요. 서경파의 주장은 강대국 요나라와 북송을 무너뜨린 신흥 강대국인 금나라를 자극하는 것이었소. 동북아시아의 패권을 장악한 금나라를 자극하면 자칫 고려가 위태로워질 수 있었소. 그런 데다 서경은 금나라 국경에서 가까운 곳이오. 언제 금나라 군사들이 들이닥칠지 모르는 판국에 금나라의 코앞으로 왕실을 옮긴다? 굳이 그런 모험을 할 필요는 없는 것 아니겠소?

이대로 변호사 증인의 말은 앞뒤가 맞질 않는데요. 그러면 서경파의 주장에 동의할 때는 금나라와의 대립을 염두에 두지 않았습니까?

인종 부끄럽소만 당시에는 나도 나라 안 일에 신경 쓰느라 나라 밖 소식에 다소 어두웠소. 아버지인 예종 임금 때는 윤관 장군이 여진족을 정벌한 일도 있지 않았소? 나라 밖 소식에 어두워 처음에는 금나라의 국력을 정확히 가늠하지 못했소. 나중에 금나라에 사신과 첩자를 보내 자세히 알아보니 이미 금나라의 세력이 커질 대로 커져서 고려가 쉽게 정벌할 수 있는 상대가 아니었소. 10여 년이라는 짧은 시간에 맹수가 된 것이지요.

인종의 증언이 계속될수록 김딴지 변호사의 얼굴이 어두워졌다. 좌불안석하던 김딴지 변호사가 갑자기 벌떡 일어났다.

김딴지 변호사 판사님, 원고 측에서도 증인을 신문할 기회를 주십시오.

판사 피고 측의 증인 신문이 끝난 뒤 기회를 드리겠습니다. 피고 측 변호인은 시간도 오래되었으니 가급적 서둘러 주세요.

이대로 변호사 알겠습니다. 그러면 증인, 이후의 상황은 어떻게 되었습니까? 내부의 적을 물리칠 정도로 왕권 강화가 이루어졌나요?

인종 그렇소. 나도 커 가면서 사리를 분별하는 판단력이 생겼소. 또 개경파와 서경파가 내 마음을 잡으려고 서로 충성했기 때문에 자연스레 왕권은 안정되었소. 또한 금나라와도 평화적으로 관계가 맺어졌소.

이대로 변호사 그렇다면 왕권은 저절로 안정을 찾게 된 거로군요.

결국 서경파의 주장은 더 이상 효용 가치가 없어진 것이지요?

인종 굳이 부인하진 않겠소이다. 한때 묘청의 서경 천도 주장은 백성들의 환대를 받았고 어느 정도 민심을 달래는 데에도 효과적이었소. 그러나 예전에 개경파가 그랬던 것처럼, 서경파가 점점 힘을 얻게 되면서 왕권이 다시 약화될 기미가 보였어요. 그런 데다가 천도를 추진하는 과정에서 여러 가지 변고가 잇달아 일어났소. 그쯤 되자 서경 천도를 지지했던 백성들의 마음도 차차 서경에서 멀어지게 되었소. 서경 천도를 강행해야 할 이유가 모두 사라진 거요.

이대로 변호사 판사님, 더군다나 서경에서는 많은 천재지변이 일어났습니다. 구체적으로 어떤 일들이 일어났는지는 잠시 피고의 진술을 듣고자 합니다.

이대로 변호사의 말에 김부식이 벌떡 일어났다. 김부식은 증인석 앞으로 걸어 나와 인종에게 큰절을 올린 뒤 다시 피고석에 섰다.

김부식 제가 한 말씀 올리겠습니다. 서경파가 주장한 서경 천도가 힘을 얻은 것은 풍수지리설에 따른 것이었지요. 그런데 과연 이것이 하늘의 뜻인지 의심케 하는 여러 사태가 벌어졌습니다. 폐하께서 서경으로 행차하시는데 갑자기 말이 놀라 날뛰는 바람에 그 말에 타고 있던 장군이 말에서 떨어져 하마터면 죽을 뻔했습니다. 그런가 하면 폐하께서 대동강에서 배를 타고 유람하시는데 돌풍이 불어 술상이 날아가고 갑자기 날씨가 추워져 추위에 떠신 적도 있습니다.

김딴지 변호사　　흥, 그 정도를 갖고 천재지변이라 합니까?

김부식　　끝까지 들어 보십시오! 그뿐만이 아니라 천도를 진행하던 음력 3월에 느닷없이 서경에 폭설이 내리고 음력 4월에는 서리가 내리는가 하면, 한창 축조 중이던 서경 궁궐에 여러 차례 지진이 발생해 큰 피해를 입었습니다. 이 같은 천재지변이 계속 벌어지자 과연 서경이 명당자리이고 도읍으로 적당한 곳인지 의문이 들지 않을 수 없었지요. 이렇게 되자 폐하께서도 서경 천도를 못마땅하게 생각하셨고 민심도 서경에서 돌아서게 되었습니다.

판사 그런 일이 있었군요. 자, 피고 측 변호인의 신문이 끝났으니 원고 측 변호인, 질문해 주세요.

얼른 일어서려던 김딴지 변호사는 원고 묘청의 제지에 머뭇거렸다. 뭔가를 서로 의논하더니 굼뜬 동작으로 자리에서 일어났다.

김딴지 변호사 간단하게 질문하겠습니다. 신하는 물론이고 임금에게도 신의가 필요한 것으로 알고 있습니다만, 증인은 서경파에 대한 의리를 지키지 않고 다시 개경파로 기울어진 것으로 생각됩니다. 증인은 당시 개경파의 못된 행태에 염증을 느낀 것 아니었습니까?

인종 왕위는 물론이고 나라를 지키기 위해 적절한 판단을 한 것으로 생각하오. 점점 교만해지는 묘청을 가만두고 보란 말이오?

인종의 목소리는 낮았지만 서릿발 같았다. 인종의 말에 몹시 당황한 김딴지 변호사는 머뭇거리며 다음 말을 찾았으나 결국 만회할 길을 못 찾고 황급히 제자리로 돌아갔다. 방청객들은 그 모습을 보고 킥킥거리며 서로 말을 주고받았다.

"완전히 케이오 패 당했네."

"안 하느니만 못하게 됐어. 본전도 못 찾았잖아?"

"인종의 등장으로 묘청이 쥐구멍이라도 찾아야 하게 생겼어."

김딴지 변호사는 연신 흘러내리는 식은땀을 손수건으로 훔쳐 냈다. 그 옆의 묘청은 당황한 기색 하나 없이 꼿꼿했다. 방청객들은 묘청을 가리키며 수군댔다.

"다른 건 몰라도 묘청의 기백 하나만큼은 알아줘야겠군."

"저 정도 되니 한 나라를 손바닥에 놓고 흔들었겠지."

3 풍수지리설은 과연 믿을 만한 것일까?

판사 서경파의 주장과 개경파의 반론, 그리고 끝내 서경 천도의 뜻을 꺾은 인종 임금의 증언을 모두 들었습니다. 여러 의견을 듣고 보니 서경파가 주장해 온 서경 천도 운동과 칭제 건원론, 금나라 정벌론이 당시 어떤 의미였는지 알게 되었습니다. 그런데 여기서 한 가지 의문점이 남습니다. '풍수지리설은 과연 고려 사람들에게 어떤 의미를 가지고 있었는가?'와 '과연 풍수지리설이 믿고 따를 만큼 과학적인 것인가?' 하는 점입니다. 이 주제는 양측 모두의 의견을 듣고 싶습니다. 그래야만 당시 사람들의 믿음과 사회적 분위기를 정확히 파악할 수 있을 것입니다.

이대로 변호사 존경하는 판사님, 제가 먼저 발언해도 되겠습니까?

판사 그러세요. 하지만 재판이 길어지고 있으니 간단히 설명해 주세요.

이대로 변호사 풍수지리설에 대해 설명하기 전에 먼저 이 자리에 있는 피고 김부식이 직접 경험한 것을 대신 말씀드리겠습니다. 금나라가 송나라를 넘보며 위협할 때 고려 조정에서는 송나라에 김부식을 비롯한 사신단을 보냈습니다. 그때 마침 송나라의 수도 개봉이 함락되고 황제 흠종과 태상황 휘종이 포로가 되었는데, 그 과정이 너무나 어이없을 정도였지요.

판사 그런데 피고 측 변호인, 당사자인 피고에게 직접 들어 봤으면 합니다.

판사의 말에 김부식이 자리에서 일어나 가볍게 목례를 했다. 김부식은 당시 상황이 생생히 기억나는 듯 망설이지 않고 입을 열었다.

김부식 금나라 군대가 시시각각 궁으로 다가오자 송나라 황제인 흠종은 혼비백산했고, 수도를 방위하는 병력도 제 목숨을 부지하려고 반 이상 달아났지요. 흠종은 속이 탔지만 별다른 대책이 없었습니다. 이때 개봉에 곽경이라는 사기꾼이 나타나서 새로운 병사 7779명만 모집해 주면 자신의 도술로 금나라 군대를 물리치겠노라고 호언장담하였습니다. 세 살 난 어린아이도 믿지 못할 황당한 말이었지만, 흠종은 지푸라기라도 잡고 싶은 심정이었기에 그의 말을 따랐습니다. 그러나 사실 곽경은 금나라 군사를 물리치는 데에는 터럭만큼의 관심도 없는 인물이었습니다. 다만 금나라 군대가 들어오기 전에 마음 놓고 강도질을 하려는 심보였지요. 그러나 이런 터무니없는 말을 믿은 흠종은 곽경의 말대로 성을 지키고 있던 군사마저 철수시키고 성문을 활짝 열어 놓았지요. 그러자 금나라 군대는 식은 죽 먹기로 피 한 방울 흘리지 않고 성을 빼앗고 황제를 사로잡은 것이지요.

판사 어떻게 그런 터무니없는 말을 믿었단 말인가요? 상식적으로 납득이 되질 않는데…….

김부식 그러실 겁니다. 이 같은 도술 이야기는 도가 사상, 풍수지리설과 관련이 있습니다. 지금 들으면 기가 막히고 말도 안 된다고 생각하겠지만, 옛사람들은 왕부터 노비에 이르기까지 정도만 다를 뿐 모두 이런 내용을 믿었지요.

이대로 변호사 아무래도 과학이 발달하지 않은 때이다 보니 천재지변을 하늘의 뜻이라 생각했습니다. 유성이 떨어지면 큰 인물이 죽는다고 믿는 것과 같은 논리이지요.

김부식 그런데 서경파는 이러한 풍수지리설을 믿는 무리였습니다. 그러나 나는 학자라면 마땅히 많은 것을 생각한 뒤에 합리적으로 판단해야 한다고 믿었지요. 게다가 송나라의 수도 개봉이 함락된 내막을 자세히 들었기에 도술을 못마땅하게 생각했습니다. 따라서 서경파의 이런 생각도 마뜩잖았지요. 내가 들어 보니 묘청의 주장은 풍수지리설과 도술을 교묘하게 뒤섞어 놓은 합작품이었습니다. 듣자 하니 서경 천도만 하면 금나라 등 36개국이 고려의 신하가 된다는 말까지 나오던데, 이게 사기꾼 곽경의 말과 무엇이 다릅니까? 또한 묘청은 신비주의를 써서 백성들의 마음을 꾀는 데 탁월한 재주가 있었습니다. 심지어 묘청은 강에 기름이 묻은 떡을 던져 놓고 이를 용이 침을 흘린 것이라고 주장하는 등 말도 안 되는 요설을 풀어놓기도 했습니다. 폐하께서는 어린 나이에 여러 가지 변고를 겪으며 상심한 나머지 잠시 서경파의 주장에 넘어가셨던 거지요.

김딴지 변호사 이의 있습니다. 피고는 고의적으로 원고를 모독하는 발언을 하고 있습니다.

판사 인정합니다. 지나친 발언은 삼가 주세요. 피고, 그런데 당시에는 풍수지리설을 믿는 사람이 대부분이지 않았습니까?

김부식 흠, 그렇긴 했습니다. 심지어 고려를 세운 태조 왕건께서도 후삼국 통일을 이룬 것이 풍수지리설을 잘 따라서 얻어진 결과라고 생각하셨지요.

김딴지 변호사 이의 있습니다. 풍수지리설이 모두 배척할 정도로 나쁜 내용은 아닙니다. 어느 정도는 합리적인 근거를 갖고 이루어진 내용입니다. 게다가 과학이 발달하지 않았을 때 사람들의 궁금증에 대답해 주고 위로해 주는 역할을 했지요. 따라서 당시 사람들이 풍수지리설을 믿고 따른 건 어쩌면 자연스러운 현상이었을 겁니다.

이대로 변호사 물론 그 점은 저도 잘 알고 있습니다. 나라가 어지러울 때 백성들은 어느 정도 이해가 된다 싶으면 미신이라도 받아들이게 되지요. 현미경이 없던 시절 세균이나 바이러스 같은 미생물의 존재를 몰랐을 때는 질병을 마귀나 천벌로 생각하고 신에게 빌면 치료가 된다고 믿기도 했잖습니까? 하지만 이 풍수지리설만 믿고 한 나라의 도읍마저 옮기려고 한 것은 현명한 판단이라 할 수 없지요.

판사　잘 들었습니다. 오늘 재판에서는 당시 국내외 상황과 인종 임금이 서경파의 주장에 따르다가 그 결정을 번복한 이유에 대해 들어 보았습니다. 인종 임금이 서경파의 주장에 따르지 않은 것은 개경파의 시대 인식과 일정한 연관이 있더군요. 일주일 뒤에 열릴 다음 재판에서는 묘청의 난에 대해 이모저모를 살피겠습니다. 그럼 오늘 재판은 이것으로 마칩니다.

땅, 땅, 땅!

푸른빛을 자랑하는 고려청자

삼국 시대나 통일 신라 시대에는 토기가 주류를 이루었는데, 고려가 건국되는 10세기에 이르러서 우리나라에 도자기가 자리를 잡기 시작했습니다. 고려의 대표적인 도자기 하면 대부분 '고려청자'를 떠올리게 되는데 '고려청자'란 어떤 것일까요?

고려청자는 오묘한 푸른 빛깔을 자랑하는 도자기입니다. 우리 선조들은 중국 송나라의 영향을 받아 이 고려청자를 만들기 시작했습니다. 그런데 몽골인

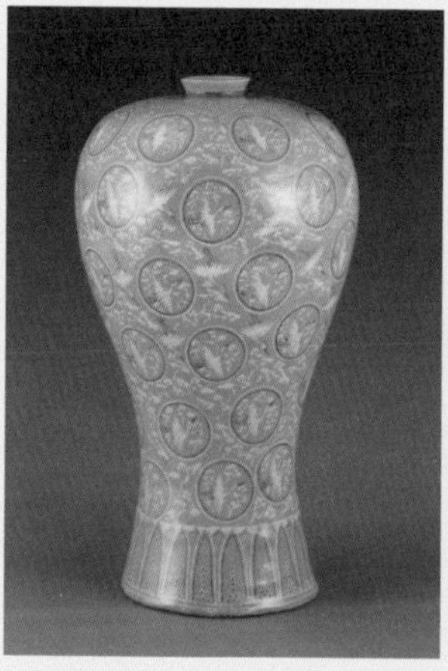

고려청자

들이 고려에 침입해 오면서 고려는 더 이상 중국을 오가기가 힘들어졌고, 이에 자체적으로 도자기를 연구하고 만들었습니다. 고려청자는 먼저 흙으로 빚어 800도가 넘는 고온에서 구워 낸 다음, 철 성분이 들어 있는 유약을 발라 1000도가 넘는 가마에서 구워 냅니다.

이때 쓰이는 유약은 도자기의 겉면에 반지르한 윤기가 나도록 하면서 도자기에 액체나 기체가 스며들지 못하게 합니다. 특히 이 완성되지 않은 도자기를 두 번째 구울 때는 가마의 온도가 높아졌을 때 일부러 아궁이를 흙으로 막았는데, 이 순간 도자기에 신비로운 푸른빛이 나타나게 된다고 합니다. 가마 안에 공기가 부족해지면서 이때 불로 인한 뜨거운 공기가 유약의 철 성분과 도자기의 재료인 흙과 합쳐져 푸른빛 물질로 바뀌는 것입니다.

이처럼 고려청자는 원래 송나라로부터 전해졌으나 고려인의 손끝에서 더욱 우아하고 아름다운 자태를 뽐내게 되었습니다.

다알지 기자

저는 지금 재판 첫째 날에 이어 여전히 열기가 뜨거운 한국사법정 앞에 나와 있습니다. 오늘은 고려의 유학자들이 정말 금나라를 부모로 모시는 사대주의에 빠져 있었는지에 대해 본격적인 공방이 펼쳐졌습니다. 피고 김부식과 이대로 변호사는 당시 강력했던 금나라를 정벌하는 것은 스스로 호랑이 굴로 걸어 들어가는 것과 마찬가지였다고 주장했습니다. 또 묘청이 주장했던 서경 천도의 근간이 된 '풍수지리설'은 비합리적인 미신일 뿐이었다고 반박했습니다. 그리고 증인으로 인종 임금이 나와 왜 묘청의 서경 천도를 결국 반대할 수밖에 없었는지에 대해 솔직히 답변해 주었습니다. 그럼 양측 인물을 모시고 나머지 말씀을 들어 보도록 하지요.

김부식

원고 측은 나를 비롯해 우리 선조들이 원래 강대국에 대해 사대주의적이었다고 매도했는데, 앞서 말씀드렸듯이 신라는 법흥왕 때부터 '건원'이라는 독자적인 연호를 썼습니다. 또한 당나라와의 외교에서도 자주의식이 뚜렷이 나타나고 있습니다. 거기다 『삼국사기』가 무조건 중국을 옹호하고 따른 것은 아니었습니다. 당시 고려를 둘러싼 동북아시아 정세의 급격한 변화로 고려는 바람 앞의 등불이라고 할 만큼 위태로웠습니다. 나라의 안정을 위해 덩치가 큰 나라에 대해 잠시 고개를 숙이는 것은 오히려 합리적이고 실리적인 방법이지요.

재판을 통해 들으신 대로 당시 고려 사회는 어지러웠습니다. 이자겸의 난을 비롯해 귀족 권력자들의 횡포로 왕실의 권위는 바닥에 떨어졌고 백성의 마음도 떠돌고 있었습니다. 특히 그동안 우리 고려에 충성을 다해 오던 여진족도 서서히 힘을 키워 고려를 위협하기 시작했습니다. 이때 나와 우리 서경파는 금나라를 정벌하고 수도를 서경으로 옮겨 다시 왕권을 일으켜 국력을 회복하려 했습니다. 그리고 산세나 지형에 따라 좋은 일이나 좋지 못한 일이 생기기도 하는데, 이자겸의 난 이후 도읍을 서경으로 옮겨 다시 좋은 기운을 회복하고자 했지요. 풍수지리설은 아무 근거 없는 비현실적인 이야기가 아니란 말입니다!

서경의 흔적을 찾아서

고려 인종 당시 이자겸의 난으로 궁궐이 거의 불타고 왕권이 땅에 떨어지자 나라는 뒤숭숭해지게 되지요. 이에 서경 지역의 승려인 묘청은 풍수지리설을 내세우며 서경으로 도읍을 옮길 것을 주장하였답니다. 묘청이 도읍으로 내세운 서경이 어떤 곳인지 그 흔적을 한번 찾아볼까요?

『조선고적도보』에 적힌 서경

인종의 명에 따라 1128년 11월 서경에 고려 시대의 궁궐이 지어지기 시작했다고 해요. 그렇다면 궁궐이 지어지던 곳의 위치는 어디일까요? 『조선고적도보』라는 책에 따르면 지금의 평안남도 대동군 부산면 남궁리에 해당하는 곳임을 알 수 있어요.

사진 속 유물이 바로 『조선고적도보』로, 이것은 일제 강점기 때 일본인들이 한국 고적의 도판을 모은 책이에요. 15첩으로 이루어졌으며, 조선 총독부의 후원 아래 일본인 학자 세키노 다다시 등이 1915년부터 1935년까지 20년에 걸쳐 만들었지요.

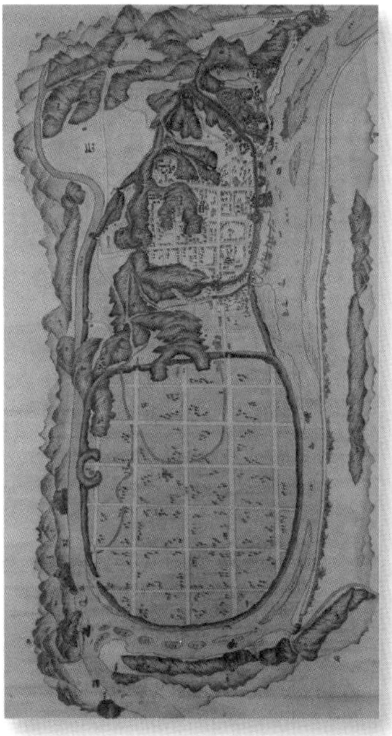

「서경전도」에 그려진 서경

서경은 고려 3경의 하나로 지금의 평양에 해당해요. 군사적으로 중요한 곳이었으며 유서 깊은 도시이기도 했지요. 고려 3경은 왕도인 개경 외에 경주를 동경, 평양을 서경이라고 한 것이랍니다. 그만큼 중요한 곳이라서 인종 때 개경의 많은 궁궐이 불타자 서경으로 도읍을 옮길 계획을 세우기도 한 것이에요.
사진 속 유물은 서경의 지도로 당시 도시의 구조와 길의 모습 등을 알 수 있답니다. 「서경전도」는 158.7센티미터×85.7센티미터의 크기로 고려대학교 박물관에서 소장하고 있어요.

재판 셋째 날

실패로 끝난 묘청의 난

1. 묘청의 난은 왜 실패했을까?
2. 신채호는 왜 '묘청의 난'을 긍정적으로 평가했을까?

교과연계

한국사
II. 고려와 조선의 성립과 발전
1. 민족을 재통일하여 발전한 고려
(3) 문벌 귀족 사회가 동요하다

1

묘청의 난은 왜 실패했을까?

판사 오늘이 재판 마지막 날이군요. 오늘 재판에서 양측은 묘청의 난의 전개 과정과 결과에 대해 변론하기 바랍니다. 덧붙여 묘청의 난이 타당성 있는 것인지도 함께 변론해 주십시오. 먼저 원고 측부터 시작해 주시지요.

김딴지 변호사 존경하는 판사님, 배심원 여러분, 피고 김부식은 처음부터 원고 묘청의 서경 천도 운동이나 칭제 건원론, 금나라 정벌론을 못마땅하게 여겼습니다. 피고는 원고의 말이 옳은지 그른지를 떠나 자신들의 반대파인 서경파 세력이 힘을 얻는 것은 당시 고려 사회의 기득권층이었던 개경파에 대한 도전이라고 생각했던 것입니다.

판사 지난번 피고의 진술에서도 그 점은 이미 확인됐지요.

김딴지 변호사 그렇습니다, 판사님. 원고의 주장이 당시 인종 임금에게 힘을 실어 주고 고려에는 자주국으로서 발판을 마련하는 것이었는데도 불구하고 무조건 반대 입장을 취했던 것입니다. 반대로 원고는 저물어 가는 고려 왕조의 기운을 북돋고 나라 안팎의 세를 확장하기 위해 고심 끝에 이 같은 주장을 펼쳤던 것입니다. 지난 재판에서 인종 임금의 증언을 들어서도 알 수 있듯이, 원고의 주장이 바닥까지 떨어진 왕실의 권위를 회복하고 백성들의 마음을 한 데로 모으는 데 큰 역할을 하였습니다. 물론 원고가 인종 임금의 말을 듣지 않고 서경에서 무리를 이끌고 난을 일으킨 것은 잘못입니다. 그렇지만 이 또한 나라를 바로 세우려는 충성심에서 나온 것이었지, 반역으로 스스로 왕이 되려고 한 것은 아닙니다. 또한 피고 김부식은 인종 임금이 "반란의 우두머리만 죽이고 함께 동조한 서경 백성들은 죽이지 말라"고 거듭 당부했는데도 이 같은 명령을 어겼고, ▶이 때문에 원고의 거사는 평화롭게 매듭지어지지 못하고 피고 일파에 의해 1년여의 시간 동안 잔혹하고 강압적인 방법으로 진압되었습니다.

이대로 변호사 이의 있습니다. 지금 원고 측 변호인은 역사를 왜곡해 도리어 피고에게 죄를 묻고 있습니다. 난을 일으키고도 그것을 '거사'라고 표현하는 것도 아까부터 계속 거슬렸고요!

김딴지 변호사 아닙니다, 판사님. 이 말을 입증해 줄 증인이 있습니다.

판사 원고 측 변호인, 증인이 있다고요?

김딴지 변호사 네. 피고 김부식에 의해 억울하게 죽음을

교과서에는

▶ 묘청 세력은 서경으로 도읍을 옮기고 정권을 차지하는 것이 어렵게 되자 나라 이름을 '대위국'이라 하고 연호를 '천개'라 하며 난을 일으켰습니다. 묘청의 난은 개경파의 김부식이 이끈 관군의 공격으로 1년 만에 실패로 끝나고 말았습니다.

당한 정지상을 증인으로 모시겠습니다.

판사 좋습니다. 증인은 증인석으로 나와 선서를 해 주세요.

정지상 나, 정지상은 한국사법정에서 진실만을 말할 것을 선서합니다.

김딴지 변호사는 정지상에게 다가가 가볍게 목례하고는 질문을 시작했다.

김딴지 변호사 바쁘실 텐데 증인으로 나와 주셔서 감사합니다. 간략하게 자기소개를 해 주시겠습니까?

정지상 ▶부끄럽소만 나는 고려의 열두 시인 중의 한 사람으로 손꼽히는 인물이라오. 묘청을 도와 서경 천도를 주장하였으나 저기 앉아 있는 김부식에게 붙들리어 죽음을 당했지요. 이미 천기가 다한 개경을 버리자고 주장한 일로 봉변을 당했으니 원통하기 짝이 없습니다. 이 같은 나의 비통함을 하늘이 알아주었는지 지금의 역사가들은 김부식을 사대사상에 물든 인물이라고 비판하고 있더이다. 역시 진실은 언제나 통하는 법이지요.

김딴지 변호사 그렇고말고요! 진실은 언젠가는 밝혀지는 법이지요. 이번 기회에 한국사법정에서 그 원통함을 풀어야 합니다.

판사 원고 측 변호인, 어서 본론으로 들어가세요.

김딴지 변호사 네, 판사님. 그럼 증인께 질문하겠습니다.

교과서에는

▶ 이자겸의 난 이후 인종은 왕권을 다시 강화하고자 했는데, 이때 김부식을 중심으로 하는 보수적인 관리들과 묘청, 정지상을 중심으로 하는 지방 출신의 개혁적 관리들 사이에 갈등이 벌어졌습니다.

증인은 원고 묘청을 인종 임금에게 소개해 주었지요? 그 이유는 무엇이었습니까?

천거
어떤 사람을 특별한 자리에 쓸 수 있도록 추천하는 것을 말합니다.

정지상 그렇소. 묘청을 폐하께 천거한 이는 바로 나요. 왜 그랬느냐? 당시 폐하께선 이자겸의 난을 겪은 뒤 귀족 권세가들의 틈바구니 속에서 홀로서기를 하느라 고심하고 계셨어요. 임금도 두려워할 줄 모르는 개경파를 내치고 싶은 마음이 굴뚝 같았지만, 여전히 나라를 틀어쥐고 있는 것은 개경파였지요. 개경파의 소행이 괘씸했지만 개경파를 넘어설 만한 강력한 권한은 아직 없는 상태였으니까…… 그래서 왕권을 강화하기 위해선 개경파의 세력을 약화시켜야 했지요.

그때 폐하의 눈에 들어온 게 바로 우리 서경파였어요. 서경파는 개경파와는 다른 주장을 펼치는 개혁 세력이었지요. 나는 폐하께 개경파의 손아귀에서 벗어나기 위해서는 그들의 근거지인 개경을 버리고 서경으로 도읍을 옮겨야 한다고 말씀드렸소이다.

김딴지 변호사 서경으로 도읍을 옮기면 어떤 이점이 있었나요?

정지상 당시 이자겸의 난으로 민심이 흉흉해져 있었고 엎친 데 덮친 격으로 돌풍과 서리가 내리는 등 천재지변으로 백성들이 괴로워하고 있었어요. 그래서 백성들 사이에서는 개경의 기운이 이미 약해져 수도로 적합하지 않다는 풍수지리설이 나돌고 있었답니다. 게다가 인종 임금은 왕위에 오를 때부터 평탄치 않은 삶을 살았잖소? 백성들은 과연 인종 임금이 하늘이 내린 임금인지 의심했고, 개경도 도읍지로서 운명을 다했다고 생각하고 있었지요.

도선
통일 신라 말기의 승려이며 풍수지리설로 이름나 있습니다.

이러던 때에 민심을 돌려 놓고 새로 시작하기에 서경보다 좋은 곳이 없었어요. 게다가 서경으로 도읍을 옮기면 자연스레 개경파의 세력이 약해질 테고……. 이는 바로 두 마리 토끼를 잡을 수 있는 제안이었지요.

김딴지 변호사 다시 원고의 이야기로 돌아가 보지요. 그렇다면 이런 서경 천도를 주장한 원고는 어떤 인물이었나요?

정지상 묘청은 기품 있는 승려였지요. 묘청은 풍수지리와 예지에 뛰어난 인물로 서경을 중심으로 세력을 얻고 있었어요. 대선사 도선의 뒤를 잇는 인물이라는 평과 함께 그 인기 또한 대단하였지요. 나는 백수한 등의 소개로 묘청을 만나 보고 함께 큰일을 일으킬 만한 사람이라고 판단했어요. 묘청은 당시 권력을 지키는 데에만 혈안이 되어 있는 개경파와는 달랐기 때문이지요. 중국으로부터 독립해야 한다는 의지가 강했고, 고려의 기상을 높이 세우기 위해 금나라를 쳐야 한다는 주장도 서슴지 않을 정도로 선구자적인 인물이었어요.

이대로 변호사 이의 있습니다, 판사님. 증인은 반역자인 원고를 미화하고 있습니다. 원고가 왕의 명령을 무시하고 난을 일으켜 나라를 어지럽힌 인물이라는 사실은 아무도 부인하지 못할 것입니다. 그럼에도 불구하고 반역자를 선구자인 것처럼 평가하는 것은 옳지 않습니다.

김딴지 변호사 아닙니다, 판사님. 증인이 원고를 인종 임금에게 소개한 것은 원고의 인물 됨에 대한 확신이 있었서였습니다. 피고 측 변호인은 원고의 인물 됨에 대해 괜한 트집을 잡고 있습니다.

판사 평가는 재판이 모두 끝난 뒤 여러 사람의 의견을 종합하여 내리게 될 것입니다. 원고 측 변호인은 계속해서 증인 신문을 진행해 주세요.

김딴지 변호사 증인이 원고를 인종 임금에게 소개한 이유는 이미 들었습니다. 그렇다면 인종 임금이 원고의 제안을 받아들여 서경 천도를 추진한 것은 사실이지요?

정지상 그래요. 폐하께서는 묘청과 우리 서경파의 주장에 동의하셨어요. 그래서 서경에 궁을 세울 것을 지시하셨고 그 이름을 '대화궁'이라고 부르셨어요. 궁궐을 짓는 일은 일사천리로 진행되어 공사를 시작한 뒤 불과 3개월 만에 완공되었지요.

김딴지 변호사 그런데도 서경 천도가 이루어지지 않은 이유는 무엇이었습니까?

정지상 그것은 묘청이 서경으로 도읍을 옮기자는 데 그치지 않고 자주 독립국으로 나아가자는 매우 급진적인 주장까지 펼쳤기 때문이에요. 왕을 황제로 부르자는 칭제 건원론과 금나라를 치자는 금나라 정벌론은 수도 이전 반대파들을 한데 뭉치게 만드는 계기가 되었지요. 김부식을 비롯한 개경파는 이 같은 주장에 거세게 반대했고, 결국 서경 천도도 말이 안 된다고 반대하였어요. 신하들의 반발이 심해지자 폐하께선 결국 뒤로 한 발짝 물러설 수밖에 없었지요.

김딴지 변호사 인종 임금이 서경 천도를 받아들이지 않자 원고가 서경에서 반란을 일으켰나요?

정지상 그래요. 그러나 여기서 꼭 한마디 해야 할 말이 있습니다.

어불성설
말이 말 같지 않다는 뜻으로 이치에 맞지 않는 말을 뜻합니다.

중상모략
남을 모함하고 계략을 꾸미는 것이지요.

묘청이 난을 일으키기는 했으나 그것은 이자겸의 난과는 성격이 다르다는 것이지요.

김딴지 변호사 어떻게 다른지 명확하게 설명해 주십시오.

정지상 권신 이자겸은 스스로 왕이 되려고 난을 일으켰으나 묘청은 그런 적이 없어요. 묘청의 칼끝은 김부식을 비롯한 개경파를 향했던 것이지 결코 폐하를 향한 적이 없습니다.

이때 가만히 듣고 있던 이대로 변호사가 끼어들었다.

이대로 변호사 증인의 말은 모순됩니다. 왕의 명령을 안 듣고 난을 일으키고도 왕에게 칼끝을 돌린 것이 아니란 말은 어불성설입니다. 원고의 난이 진압되었기 때문이지, 계속되었으면 나중에 어떻게 달라졌을지 아무도 모를 일입니다.

정지상 말씀을 삼가시오! 묘청의 난은 초기에 진압될 수도 있었는데, 그것을 1년여 가까이 끈 것은 김부식의 욕심 때문이었소이다!

판사 바로 그 부분을 상세하게 듣고 싶습니다. 증인은 한 치의 거짓 없이 소상히 밝혀 주세요.

정지상 묘청의 난은 불시에 일어난 사건입니다. 그것을 두고 어떤 사람은 원래부터 묘청이 왕위를 노렸다고 하지만 그건 중상모략이에요. 서경으로 도읍을 옮길 것을 기대하고 있던 서경파와 서경 사람들은 폐하께서 계획을 포기했다는 사실을 알고 크게 절망하였지요. 묘청이 이 난을 처음부터 주도했다는 것도 불분명해요. 나 역시 서경에서 난이 일어날지 전혀 모르고 있던 상황이었지요. 그럼에도 불구하고 김부식은 난이 일어나자마자 개경에 있던 나와 백수한, 김안 등을 찾아 가장 먼저 죽였어요.

김딴지 변호사 반란 현장에 있지도 않은 증인을 가장 먼저 죽였다고요? 참 묘한 일이군요. 정 그렇다면 반란을 꾀한 묘청을 가장 먼저 죽이는 게 순서 아닌가요? 게다가 나중에 역사학자들은 증인의 천재성을 시기한 김부식이 증인에게 음모를 씌워서 죽였다고 말했습니다. 당시 알게 모르게 나돌았던 소문이기도 하지요.

정지상 나도 그런 소문은 나중에 들었소이다. 그거야 당사자에게 물어 보면 알 일이지요. 난 묘청의 말에 동조했지만 묘청이 벌인 난과는 아무런 연관도 없어요. 이런 나를 제일 먼저 죽이다니 말도 안 되는 것 아니오? 김부식에게 끌려가 암살을 당하다니…… 지금도 난 분하고 억울해서 두 눈을 감을 수가 없어요.

이대로 변호사 이의 있습니다, 판사님. 증인은 원고를 직접 인종 임금에게 소개한 사람이고 묘청의 뜻을 가장 잘 알았던 사람입니다. 그런 증인이 묘청이 벌인 난과 상관없다는 건 말이 안 됩니다.

판사 그 부분은 피고 측 변호인이 반대 신문할 때 확실히 짚고 넘어가도록 하지요. 원고 측 변호인, 신문 끝났습니까?

김딴지 변호사 아닙니다, 판사님. 두어 가지 질문을 더 한 뒤에 마치도록 하겠습니다. 증인, 아까 증인은 금방 반란을 진압할 수 있었는데도 개경파가 오랜 시간을 끌었다고 했지요?

정지상 그렇소이다. 사실 폐하께선 신중한 분이시고 민심을 잘

아는 분이셨어요. 서경에서 반란이 일어났다는 소식을 듣고도 서경 백성들이 다칠까 봐 우두머리만 잡아들이라고 명하셨지요. 그러나 반란을 진압하는 토벌대 대장 김부식의 생각은 달랐어요. 이번 기회에 자신들의 경쟁자인 서경파를 뿌리째 뽑고자 칼날을 갈았던 것이지요. 묘청과 함께 난을 일으켰던 조광은 김부식을 대장으로 한 대대적인 토벌대 소식을 듣고 핵심 인물인 묘청과 유참 등의 목을 베고 항복하겠다는 의사를 밝혔어요. 그러나 김부식은 이들의 머리를 저잣거리에 걸고 비웃음거리로 삼았지요. 이것을 알게 된 조광은 투항해 봤자 목숨을 보전하기 어렵다고 판단해 오랜 시간 저항한 거예요. 이제 이 난은 서경 천도 투쟁에서 생존 투쟁으로 성격이 바뀐 것이지요.

김딴지 변호사 묘청의 난 이후 개경파는 어떻게 되었나요?

정지상 다시 말해 무엇 하겠소? 견제 세력이었던 서경파가 없어진 뒤 개경파는 독무대에서 대대로 권력을 누렸소이다. 묘청의 난은 개경파에게 있어서는 하늘이 내려 준 절호의 기회였던 거지요. 폐하께선 개경파의 그늘에서 벗어나고자 서경파와 개경파 사이에서 위험한 줄타기를 하다가 결국 개경파의 손아귀에서 놀아나게 된 거예요.

김딴지 변호사 이상입니다.

김딴지 변호사의 증인 신문이 끝나자 기다렸다는 듯이 이대로 변호사가 일어나 증인석으로 다가갔다. 이대로 변호사는 가볍게 증인에게 목례하고는 곧 질문을 시작했다.

이대로 변호사 증인, 증인은 묘청의 난을 함께 계획한 것이 아니라고 했지요?

정지상 그렇소.

이대로 변호사 원고 묘청을 인종 임금에게 소개한 사람은 증인이었어요. 또 묘청의 주장대로 서경 천도론, 칭제 건원론, 금나라 정벌론을 가장 강하게 주장한 것도 다름 아닌 증인이었고요. 그런데도 묘청의 난에는 가담하지 않았다니, 지나가던 개도 웃을 일 아닙니까?

김딴지 변호사 이의 있습니다, 판사님. 피고 측 변호인은 증인을 모독하고 있습니다.

판사 받아들입니다. 피고 측 변호인은 예의를 지켜 주세요.

정지상 물론 묘청을 폐하께 천거한 것은 나입니다. 그렇다고 그것이 내가 난을 일으키는 데 가담했다는 증거는 되지 못하지요. 만약 그랬다면 내가 서경에 있지 왜 개경에 남아서 가장 먼저 암살되는 수모를 당했겠어요?

이대로 변호사 서경에 안 간 것은 난이 실패했을 때를 대비한 전략이 아니었나요? 개경에 남아 있음으로써 자신의 결백을 보이려고 꾀를 부린 것이지요.

정지상 이 변호사의 지략에는 웃음밖에 안 나올 뿐이오.

이대로 변호사 역시 뛰어난 문인이라 그런지 말은 청산유수로군요. 그렇지만 증인은 원고가 술수를 부리는 것을 이미 다 알고 있지 않았습니까? 대화궁에 번개가 30여 차례 치고 천재지변이 일어나 백성들의 마음이 떠난 것을 알고도 원고는 술수를 부려 인종 임금의 마음을 잡으려고 얕은꾀를 썼지요. 대동강에 떡을 미리 띄워 놓고 기름기가 생기자 인종 임금에게 '용이 흘린 침'이라고 거짓말을 하는 등 갖은 술수를 썼습니다. 그런 거짓말쟁이의 편을 들어 서경 천도를 주장한 것은 이미 충신의 마음을 저버린 것이 아닙니까?

정지상 묘청이 술수를 쓴 것은 인정합니다. 그러나 폐하의 마음을 어지럽히려고 거짓 주장을 편 것은 아니었어요. 고려 태조 대왕께서도 서경을 항상 마음에 두라고 하셨고, 당시 개경의 기운이 쇠하였다는 주장 역시 묘청이 새로 내놓은 이론은 아니었어요. 개경파의 그늘에서 벗어나 개혁을 펼쳐야 폐하가 살고 나라가 산다는 생각에 강하게 주장한 것뿐이지요. 그리고 당시 개경만 발전했을 뿐 서경을 비롯한 다른 지방은 찬밥 신세를 면치 못했어요. 그러니 대대로 충성을 바치고도 변두리 신세를 면치 못하는 지방 세력들의 불만이 높아지고 있었지요. 서경 천도는 그 같은 불만을 잠재우고 민심을 얻는 길이라고 생각했던 것이라오.

이대로 변호사 인종 임금이 서경으로 천도하기로 결심하고 궁궐을 지었으나 서경에는 때아닌 폭풍과 서리가 번갈아 내리고 번개가 치는 등 천재지변이 잇따랐지요. 이때쯤엔 민심도 서경에서 돌아서지 않았습니까? 그런데도 서경 천도를 강력히 주장한 이유는 무엇입니까?

정지상 서경으로 천도하는 데 미련을 버리지 못했다는 점은 나도 인정합니다. 그러나 당시에는 서경으로 천도해야 한다는 신념이 너무 큰 나머지 뜻을 쉽사리 꺾을 수가 없었어요.

이대로 변호사　그뿐만이 아닙니다. 왕을 황제로 불러야 한다거나 금나라를 치자는 주장은 시대 흐름을 읽지 못한 우매한 생각이 아닙니까?

정지상　그것은 폐하의 힘을 굳건히 하고 나라 안팎으로 자주국으로서의 면모를 보여야 한다는 생각이 강했기 때문이었어요. 당시 이 같은 주장은 백성들에게도 큰 지지를 얻었지요. 한낱 오랑캐에 불과했던 금나라로부터 당하는 수모를 백성들은 치욕스러워했어요. 이에 서경파는 금나라로부터 독립 선언을 해야 한다고 주장한 것이지요. 그것이 큰 잘못이라고 생각지는 않소이다!

이대로 변호사　아직도 그 같은 입장을 고수하시다니, 이제 보니 증인은 생각보다 꽉 막히셨군요. 고려는 예종 임금 때 동북 9성을 돌려준 이후로 금나라와 화친을 도모했습니다. 그것은 금나라를 칠 만큼 나라 안의 힘이 길러지지 않았기 때문입니다. 그 같은 시대 상황을 무시하고 금나라를 치자고 한 것은 백성들의 인기를 끌어 서경파의 입지를 굳히고자 한 것이 아닙니까?

정지상　단지 서경파가 설 자리를 찾으려고 그런 주장을 펼쳤던 건 아니었어요. 백성들의 바람을 잘 알고 있었고, 고려 태조 때처럼 여러 나라에 위세를 떨치는 부강한 나라로 키우고 싶은 간절한 소망이 있었기 때문이었지요.

이대로 변호사　판사님, 기괴한 주장으로 임금의 마음을 홀리고 난을 일으킨 원고나 그 같은 주장에 동조한 증인이나 모두 역사의 심판을 받아야 합니다. 묘청의 난이 어떻게 전개되었고 과연 타당성이 있는 것이었는지를 가늠하기 위해 마지막으로 증인 한 분을 더 모시고자 합니다.

판사 그 증인은 누구인가요?

이대로 변호사 고려를 세운 태조 왕건입니다.

잠시 방청석이 술렁거렸다. 태조 왕건을 직접 볼 수 있다는 생각에 사람들은 들뜬 표정이었다.

판사의 허락이 떨어지자 태조 왕건이 위엄 있는 자태로 증인석에 섰다. 사람들은 왕건의 늠름한 모습을 보고 감탄했다.

"역시 고려를 세운 영웅답게 기개가 남다르군."

이대로 변호사 어려운 걸음 해 주셔서 감사합니다. 우선 자기소개를 부탁드리겠습니다.

왕건은 입가에 희미한 미소를 띠더니 말을 시작했다.

왕건 ▶나는 고려를 세운 태조 왕건이오. 나라를 세운 뒤 신라와 후백제를 합쳐 더욱 부강한 나라로 만들었고, 여진족을 공략하여 영토를 넓혔지요. 나는 저 멀리 중국 땅에 늠름한 기세를 떨친 고구려의 뒤를 잇는 부강한 나라를 만들고자 애썼소이다. 이만하면 내 소개가 되었소?

이대로 변호사 겸손하십니다. 고구려를 무찌른 신라가

교과서에는

▶ 한반도를 중심으로 태봉, 후백제, 신라가 각축을 벌이고 있던 당시, 송악 출신의 왕건이 궁예를 내쫓고 고려를 세우고 연호를 '천수'라 하였습니다(918).

삼국을 통일한 것보다 훨씬 넓은 영토를 통일한 왕이 아니십니까! 게다가 외세의 힘을 빌린 신라와는 달리 우리 손으로 완전한 통일을 이루어 낸 분이시고요. 고려가 한반도를 통일했기에 아직까지도 우리가 이 땅에서 대대로 복을 누리고 살고 있는 것이지요.

판사 자, 그만하면 됐습니다. 본격적인 신문을 시작하세요.

이대로 변호사 알겠습니다. 증인은 묘청의 난에 대해 들어 보셨을 겁니다. 이에 대해 어떻게 생각하시는지 듣고 싶습니다.

왕건 고려의 신하가 왕을 배신하고 난을 일으킨 것은 씻을 수 없는 대역죄요. 다시 말해 무엇하겠소?

이대로 변호사 그렇습니다. 그런데도 묘청은 자신은 단순한 반역자가 아니라 개혁가이며 고려를 자주 독립국으로 만들려 한 독립운동가인 것처럼 주장하고 있습니다. 당시 묘청은 서경 천도, 칭제 건원, 금나라 정벌의 주장을 폈습니다. 이것이 과연 당시 시대 상황으로 볼 때 옳은 판단이었는지 그릇된 판단이었는지 고견을 듣고 싶습니다.

왕건이 천천히 고개를 끄덕이더니 답변을 시작했다. 낮지만 울림이 있는 목소리에 패기가 느껴졌다.

왕건 묘청의 난에 관한 이야기는 익히 들어 알고 있소. 나 또한 그 이야기를 듣고 당시 나라 안팎의 정세를 곰곰이 생각해 본 적이 있소이다. 당시 나였다면 어떤 결정을 내렸을까…….

이대로 변호사 바로 그 점을 듣고 싶은 겁니다!

왕건은 자신의 말이 채 끝나기도 전에 이대로 변호사가 끼어들자 난감한 표정을 지었다. 그 표정은 마치 크게 꾸짖어 줄까 아량을 베풀까 고심하는 듯했다.

"태조 왕건 시대였다면 살아남지 못했겠어."

"왕건은 역시 큰 인물이야. 감정을 절제하는 게 한눈에 보여."

왕건 쉽게 판단을 내릴 수 있는 시기는 아니었소. 모든 상황이 급박하게 돌아가는 데다가, 고려는 한마디로 내우외환을 겪고 있는 중이었잖소? 하지만 큰일을 도모하기 위해서는 사소한 것 하나라도 놓칠 수 없는 법이지요. 거기다 이자겸의 난으로 왕실이 뿌리까지 흔들리고 민심도 떠나고 있는 터에 전쟁을 치른다는 것은 어불성설이라 생각하오.

이대로 변호사 바로 그렇습니다. 집이 평온해야 외부로도 눈을 돌릴 수 있는 것이고 다른 적과도 맞설 수 있는 것이지요.

왕건 ▶개인이든 국가든 나아가야 할 때와 물러서야 할 때, 기다려야 할 때가 있소. 특히 국가의 존망을 가를 수 있는 결정은 신중에 신중을 거듭해야 하오. 역사가 이미 이 같은 사실을 증명하고 있질 않소? 고구려가 소국으로 출발했지만 나중에 강대국이 된 데에는 두 가지 큰 이유가

교과서에는

▶ 태조 왕건은 고려를 건국한 바로 직후부터 북방 진출을 목표로 하고 북진 정책을 추진하였지요. 나라 이름을 '고려'라 지은 것 또한 옛 고구려를 계승한다는 뜻이었으며 고구려의 수도였던 서경(평양)을 북진 정책의 기지로 삼았습니다.

있었소. 그 하나는 나라 안을 튼튼히 만든 것이오. 고구려는 외세와 꾸준히 접촉하여 선진 문물과 이주민들을 받아들였소. 그 결과 내륙 국가이기 때문에 제대로 된 수군이 없던 고구려에서 낙랑군과 대방군의 힘을 합친 강력한 수군을 보유하게 된 것이오. 또 다른 하나는 국제 정세를 면밀히 살펴 적절한 시기에 군사를 낸 것이오. 주변 나라의 지배층이 권력 다툼으로 내분에 빠졌거나 백성들의 마음이 떠났을 때를 놓치지 않았소. 즉 나는 강하고 적은 약할 때 공격했던 것이오. 고구려의 팽창은 모두 이 같은 과정을 거친 것이라오.

이대로 변호사 구구절절이 옳은 말씀입니다. 증인의 말씀대로 금나라를 정벌하겠다는 것은 한낱 몽상에 불과한 주장이었습니다.

판사 잘 들었습니다. 양측의 주장을 듣고 보니 당시의 시대적 상황을 짐작하게 되는군요. 원고 측 변호인, 반대 신문 하겠습니까?

김딴지 변호사 아닙니다, 판사님. 다음 사안으로 넘어가겠습니다.

2

신채호는 왜 '묘청의 난'을 긍정적으로 평가했을까?

판사 원고와 피고 측의 의견을 들으니 묘청의 난이 어떤 성격이었는지 서서히 드러나는 것 같습니다. 최종 판결을 얼마 남겨 두지 않은 이 시점에서 나는 이 같은 재판이 펼쳐지게 된 데 지대한 영향을 미친 민족주의 사학자들의 의견이 궁금합니다. 그것을 참고해야 묘청이 반역자였는지 아니면 우리 것 지킴이였는지 정확히 판가름할 수 있을 것입니다. 아울러 피고가 개경파의 입지를 굳히기 위해 악행을 서슴지 않은 인물인지 아닌지도 알 수 있을 것입니다.

김딴지 변호사 그렇습니다, 판사님. 그래서 이 자리에 묘청의 난을 재해석한 장본인인 역사학자 신채호를 증인을 모셨습니다. 이번 재판의 마지막 증인이 될 것입니다.

판사 오호, 그렇군요. 반가운 인물이 나오시는군요. 어서 자리해

신민회
일제 시대에 국권 회복을 목적으로 조직된 비밀 결사 단체입니다.

대한민국 임시 정부
3·1운동이 끝난 직후 광복을 위해 중국 상하이에 설립한 임시 정부입니다.

주시지요.

신채호가 법정으로 들어서자 방청객들은 다들 신채호의 얼굴을 보려고 야단법석을 떨었다.

"좀 비켜 주게나. 나도 신채호 선생의 얼굴을 한번 보자고."

판사　증인 신채호는 선서를 해 주세요.

신채호는 증인석으로 나와 선서를 했다. 신채호가 자리에 앉자 김딴지 변호사가 신문을 시작했다.

김딴지 변호사　확실히 증인은 인기가 높군요. 증인은 먼저 자기소개를 해 주세요.

신채호　나는 신채호입니다. 일제 침략기에 대중들의 독립 의식을 높이고자 역사를 연구하였으며, **신민회**와 **대한민국 임시 정부**에 참여하는 등 독립운동을 벌였지요. 나를 후세 사람들은 역사학자이며 언론인, 독립운동가로 소개하더군요. 지금의 역사학자들은 나를 근대 사학을 연 인물로 평가하는데, 참으로 부끄러울 따름입니다.

김딴지 변호사　바로 그 때문에 지금 이 자리에 서 계신 겁니다. 오늘날 많은 사람들은 증인의 영향을 받아 역사적 사실들을 재평가하는 일이 많습니다. 증인이 쓴 『조선사연구초』에서 증인은 묘청의 난을 아래와 같이 평가했지요.

그러면 조선 근세에 종교나 학술이나 정치나 풍속이나 사대주의의 노예가 됨은 무슨 사건에 원인하는 것인가. (……) 나는 한마디 말로 회답하기를 고려 인종 13년 서경 천도 운동, 즉 묘청이 김부식에게 패함을 그 원인으로 생각한다. (……) 역대의 역사학자들은 묘청의 난을 다만 서경파가 개경파를 친 투쟁으로 알았을 뿐이었다. 그러나 실상은 이 싸움은 '국풍과 한학파'의 싸움이며 '독립당 대 사대당'의 싸움이며 '진취 사상 대 보수 사상'의 싸움이니, 묘청은 곧 전자의 대표요, 김부식은 후자의 대표라. 이 투쟁에서 묘청이 패하고 김부식이 승리하였으므로 조선의 역사가 사대적·보수적·속박적 사상, 즉 유교 사상에 정복되고 말았거니와, 만일 이와 반대로 묘청이 승리하였더라면 조선사가 독립적·진취적 방면으로 진전하였을 것이니, 이 투쟁을 어찌 '조선 역사상 1천년래 제1대사건'이라 하지 아니하랴.

즉 묘청의 난은 단순한 반란이 아니라 개혁 세력이 일으킨 자주적인 거사라는 뜻이지요.

김딴지 변호사는 신채호의 『조선사연구초』를 손으로 짚어 가며 중요한 부분을 읽어 내려갔다. 그것을 듣고 있는 신채호는 깊은 생각에 잠긴 듯 보였다.

김딴지 변호사는 여기까지 말을 마치고 숨을 고르듯 신채호의 얼굴을 살폈다. 눈을 지그시 감고 있던 신채호가 서서히 눈을 떴다.

김딴지 변호사 증인은 이 책에서 묘청과 김부식을 '개혁파 대 수구파', '자주 대 예속', '독립 정신 대 사대 정신'의 대표로 써 놓았습니다. 이전 역사서에서 묘청을 간신이나 권신, 반란의 장본인이며 반역 죄인으로 기록한 것과는 정반대의 주장이지요. 지금도 그렇게 생각하십니까?

신채호 묘청의 난이 한국사법정에 설 정도로 내 의견이 지상 세계에서 현대를 사는 사람들에게 미친 영향이 크다니 나도 책임감을 느낍니다. 지금 돌이켜 보면 당시 내가 '묘청의 난'에 대해 읽은 사료가 다소 부족했다는 점을 인정합니다. 하지만 나는 지금도 '묘청의 난'이야말로 우리나라의 자주성과 민족 의식을 제대로 일깨워 준 큰 사건이라 생각합니다.

이대로 변호사 판사님! 당시는 일본이 조선 백성을 위협하고 조선 사람들의 민족 의식마저 말살하려던 다급한 시기였습니다. 따라서 제대로 된 연구에 골몰하기보다는 조선 사람들의 애국심을 고취할 수 있는 인물을 모두 뽑아내 영웅으로 삼는 것이 더 급했을 것입니다. 그렇다 보니 증인 신채호도 과거사에서 자주적이라 판단되는 인물들은 모두 긍정적으로 보려는 마음이 강했을 것입니다. 따라서 증인이 『조선사연구초』에서 묘청을 평가한 내용은 객관적인 시각이라고 장담하기 어렵습니다. 그렇지 않습니까, 증인?

이대로 변호사가 증인을 심하게 몰아세우자 화가 난 방청객들이 웅성거렸다.

김딴지 변호사 이의 있습니다. 피고 측 변호인은 증인을 닦달하고 있습니다. 증인은 역사학자인 동시에 언론인이고 독립운동가였습니다. 다른 무엇보다도 나라의 독립을 최우선으로 생각했지요. 따라서 애국심을 높이기 위한 이야깃거리를 과거에서 찾았던 것이고, 그중 하나가 묘청이었지요. 고구려의 옛 땅을 회복하기 위해 강대국 금나라를 치자고 주장하고 금나라의 황제처럼 고려의 왕도 황제로 부르자고 주장한 묘청은 증인의 말과 같이 우러러볼 만한 인물임에 틀림 없습니다.

이대로 변호사 물론 사람들에게 큰 영향을 끼친 역사학자이자 독립 운동가로서 증인이 묘청을 재발견한 것은 새로운 시도였습니다. 그러나 그것은 일제 시대에만 가치 있는 발견이었다고 생각합니다. 왜냐하면 묘청이 자주 독립을 꿈꾸는 이상주의자와는 거리가 먼 인물이기 때문입니다. 묘청은 개혁적 요구들을 내세웠지만 임금을 휘저어 자신의 세상을 만들려는 탐욕이 더 강했고, 임금이 자기 주장에 따르지 않자 반란을 일으켜 나라를 어지럽힌 장본인이기 때문입니다. 증인은 이에 대해 어떻게 생각하시는지 묻고 싶습니다.

신채호 묘청을 재발견한 것은 당시에는 눈이 번쩍 뜨이는 일이었습니다. 우리 역사를 통틀어 자주 국가를 외치고 중국 대륙으로 영토를 확장해야 한다는 주장을 펼쳤던 인물이 그리 많지 않았습니다. 조그만 섬나라 일본에 침략당해 신음하는 조선 민족에게 이런 웅대한 주장을 펼친 인물이 있었다는 것은 천군만마를 얻은 것과 같이 힘이 되는 일이었습니다. 묘청이 반란을 일으킨 것은 부인할 수 없는 사실이며 마땅히 그 죄를 물어야 한다고도 생각합니다. 그러나 묘청의 요구는 오늘날에도 되씹을 가치가 있다고 판단합니다. 강대국에 밀려 자주국으로서의 위상을 떨치지 못하는 안타까운 현실은 마찬가지이기 때문입니다.

판사 자, 양측에서 할 이야기는 충분히 다 한 것 같습니다. 오늘 재판은 묘청의 난이 전개된 과정과 그 타당성을 중심으로 살펴보았습니다. 본 판사와 배심원은 양측의 주장을 충분히 고려해 판결을 내리겠습니다. 자, 오늘은 시간이 다 되었으니 재판을 이만 정리하고요, 잠시 휴정한 뒤 원고와 피고의 최후 진술을 듣겠습니다.

고려의 문벌 귀족

고려는 태조 왕건에 의해 건국된 이후 호족 세력이 워낙 강하여 쉽게 왕권이 확립되지 않았고 권위가 서지 않았습니다. 그래서 광종은 958년에 왕권을 세우기 위해 과거제를 시행했고, 과거를 통해 정계에 진출한 인물들이 점차 고려의 지배층을 이루게 되었습니다. 이들이 자손 대대로 권력을 유지하며 고려의 지배층을 이루었는데 이들을 가리켜 문벌 귀족이라 합니다.

당시 고위 관직에 있는 사람들의 자제는 과거를 거치지 않고도 관리가 될 수 있는 '음서제'를 통해 벼슬에 오를 수 있었습니다. 그리고 벼슬이 높은 관리들에게는 '공음전'이라는 토지를 주어 고위 관직의 자녀들이 이를 통해 토지를 차지할 수 있었지요. 이처럼 고려 사회에서 한번 관리직을 차지하게 되면 그 가문은 계속 권세를 누리며 귀족과 같은 생활을 할 수 있었습니다. 이로 인해 백성들의 삶은 더욱 궁핍해졌으며 문벌 귀족은 왕권마저 위협하기에 이르렀습니다.

다알지 기자

원고 묘청 대 피고 김부식의 마지막 재판이 열린 한국사법정 앞입니다. 오늘 재판에서는 묘청의 난이 실패한 것과 그 이유에 대해 살펴보았습니다. 묘청의 서경 천도 운동 등을 지지하다 원고 김부식에게 붙들려 억울하게 죽음을 당한 정지상이 원고 측 증인으로 나와 피고 김부식에 대해 사대 사상에 물든 인물이라고 비판했습니다. 한편 피고 측은 고려 태조 왕건을 불러 금나라를 정벌하고자 했던 묘청의 계획은 당시 정세를 제대로 파악하지 못한 판단이라고 비난했으며 묘청의 난은 반란에 불과했다고 말했습니다. 그리고 마지막 증인으로 등장한 신채호는 묘청이야말로 민족 의식을 일깨워 준 인물이었다고 평가했지요. 양측 증인을 모시고 말씀을 들어 보도록 하겠습니다.

서경으로 도읍을 옮기는 일이 뜻대로 되지 않자 묘청이 난을 일으킨 것은 물론 잘못이라 할 수 있습니다. 하지만 이것은 풍수지리설에 따라 도읍을 옮겨 기울어져 가는 고려의 국운을 다시 회복하고자 하는 움직임이었습니다. 또한 강력한 권한을 휘두르던 개경파의 콧대를 꺾어 버리는 묘안이기도 했습니다. 이것은 저를 이어 증인으로 나오신 일제 시대 독립운동가이셨던 단재 신채호 선생의 증언을 통해서도 확인할 수 있는 내용입니다. 신채호 선생은 묘청의 서경 천도 운동이야말로 고려의 자주성을 널리 알릴 수 있었던 절호의 기회였다고 안타까워하셨습니다.

묘청이 난을 일으켰다……? 북진 정책을 추진하며 누구보다도 고려의 자주성을 강조한 나로서도 묘청의 서경 천도 주장과 금나라 정벌은 다소 성급한 판단이었다고 생각합니다. 나라를 부강하게 만들기 위해서는 무엇보다도 백성의 마음을 살피고 나라 안의 힘을 기르는 것이 중요하지요. 소국이었던 고구려가 강대국으로 거듭날 수 있었던 이유도 바로 나아가야 할 때와 물러서야 할 때를 정확히 판단했기 때문이지요. 묘청은 국제 정세를 좀 더 면밀히 살핀 후 서경 천도와 금나라 정벌을 주장했어야 한다고 생각합니다.

최후 진술

김부식은 고려의 자주성을 짓밟았습니다!
vs
서경 천도, 칭제 건원, 금나라 정벌은 허황된 꿈에 불과합니다

판사 이제 재판을 마무리할 때가 되었군요. 배심원단 역시 마음을 결정해야 할 시간이 되었습니다. 마지막으로 원고와 피고의 최후 진술을 들어 볼까요? 원고와 피고는 신중하고 주의 깊게 말씀해 주시기 바랍니다.

묘청 존경하는 판사님, 그리고 배심원 여러분, 나는 참으로 안타까운 심정으로 이 자리에 섰습니다. 오늘날 많은 사람들이 나를 반란의 수괴, 간신배로 생각하는 것을 잘 알고 있습니다. 그러나 내가 살았던 시대는 개혁이 꼭 필요한 때였습니다. 한낱 조무래기에 불과했던 여진족이 금나라로 탈바꿈해 위세를 떨치며 부모의 나라로 모셨던 고려에 도리어 고개를 조아리라고 호령하였지요. 그런 상황에서 고려는 자주국으로서 기세를 펴느냐 계속 약소국으로 살아가느

냐 중 한 가지 선택을 해야 하는 절박한의 시기에 놓여 있었습니다. 그런 기로에서 저는 자주국으로서 깃발을 높이 들어야 한다는 주장을 폈지만, 결국 반대파인 김부식의 농간으로 뜻이 좌절되고 말았습니다. 물론 대의명분이 좌절됐다고 해서 난을 일으킨 것은 큰 잘못입니다. 하지만 김부식 또한 강경 진압의 논란에서 자유로울 수 없습니다. 피가 피를 부르는 것입니다. 김부식의 강경 진압으로 많은 서경 사람들이 시퍼런 칼 아래 죽음을 당했습니다. 이는 김부식에게 칼자루를 쥐여 준 인종 임금의 실책이기도 합니다. 결국 인종 임금은 왕권을 강화하겠다는 본래 의도를 지키지 못하고 개경파에게 대대로 칼날을 쥐여 준 것입니다. 이후 개경파와 유학파에게 밀려 고려 역사에서 자주 국가의 꿈은 영원히 좌절되고 말았습니다. 이에 나는 김부식에게 강경 진압의 책임을 묻는 것입니다. 서경 천도의 꿈을 빼앗긴 서경 백성들을 잘 달래었다면 난은 오랜 시간 계속되지 않았을 것이고 그만큼 임금은 나라를 정비하는 데 집중할 수 있었을 겁니다. 그랬다면 고려 왕조가 좀 더 오래 지속되지 않았을까요?

판사 잘 들었습니다. 그럼 이제 피고가 최후 진술을 해 주시지요.

김부식 존경하는 판사님, 그리고 배심원 여러분, 오늘날 나를 가리켜 중국 중심의 역사서를 쓴 사대주의자라 부르는 것은 익히 알고 있습니다. 네. 나는 유학을 공부한 학자로 어린 나이에 정계로 나가 정치가의 길을 걸었습니다. 그러나 우리 것을 모두 배척하고 중국의 이득을 위해 헌신한 조선의 유학자들처럼 자주 사상을 모두 잃은 것은 아니었습니다. 만약 그랬다면 송나라가 군사를 요청했을 때

없는 군사라도 만들어서 보내지 않았겠습니까? 그러나 나는 송나라에 군사를 보내는 것을 결단코 반대했습니다. 우리나라에 아무런 이익이 없는 일에 우리 백성들을 보내는 일을 해서는 안 된다고 생각했기 때문입니다. 그러나 서경 천도나 칭제 건원, 금나라 정벌은 시대적 상황에 비추어 봤을 때 터무니없는 주장이었습니다. 금나라와 일대일로 붙을 정도의 힘을 가진 나라는 당시 없었습니다. 그런 때에는 나중을 도모해 잠시 고개를 수그리고 몸보신을 하는 것이 옳은 일이라고 생각합니다. 지금도 그 같은 나의 판단은 옳았다고 생각합니다.

오늘 내가 왜 이 자리에 서 있는지 생각해 보면 분하고 원통합니다. 반란군의 수괴가 나에게 죄를 묻다니, 이게 도대체 말이 되는 것입니까? 방귀 뀌고 도리어 성낸다더니, 도술과 요설로 왕의 머리를 어지럽힌 간신 묘청이 나를 고소하다니요? 제 꾀에 제가 넘어간다고, 거짓말과 술수가 언제까지 통할 줄 알았답니까? 묘청의 거짓말을 간파한 인종 임금이 신임을 거두었다고 해서 서경 사람들을 충동질해 난을 일으켜 나라를 피바다로 만들고도 부족한 것이 있단 말입니까? 내가 강경 진압을 했다고 주장하는데, 한번 뭉친 반란의 무리는 언제고 또 반란을 일으킬 불씨를 가지고 있는 것입니다. 그 싹을 도려내지 않으면 자꾸 자라날 수밖에 없습니다. 그 때문에 불가피하게 내가 악역을 떠맡은 것입니다. 나라와 왕실을 지키기 위해 행한 일 때문에 죄를 받아야 한다면 달게 받겠습니다.

판사 지금까지 관련된 모든 분들의 증언을 잘 들었습니다. 배심원 여러분도 수고 많으셨습니다. 지금까지 3차에 걸쳐 원고와 피고, 증인들의 진술을 충분히 들었으니, 이를 참고하여 배심원 여러분도 각자 판단해 보기를 바랍니다. 그럼 나는 4주 후에 배심원의 평결서를 참고하여 최종 판결을 내리겠습니다. 이상으로 재판을 마칩니다.

땅, 땅, 땅!

역사공화국 한국사법정 재판 번호 16 묘청 vs 김부식

주문

역사공화국 한국사법정은 묘청이 김부식을 상대로 제기한 권력 남용에 대한 처벌 요구를 기각한다.

판결 이유

묘청이 김부식을 상대로 묘청의 난의 강경 진압에 따른 권력 남용의 죄를 물은 데 대해 본 법정은 묘청이 반란을 일으킨 장본인이라는 것이 명확하므로 김부식에게 죄를 묻기 어렵다고 판단한다. 또한 묘청은 일관되게 김부식을 비롯한 개경파의 세력을 약화시키고 개혁을 하기 위해 반란을 일으켰다고 주장하나 묘청의 거병은 결코 정당화될 수 없는 반란이다. 또한 나라를 전복하고자 하는 의도가 없었다고는 하나 한 나라의 최고 통치자인 임금의 명령에 불복하여 일으킨 반란이므로, 나라를 평온하게 통치하기 위해서는 확실하게 진압하는 것이 필요했다. 물론 재판에 나온 증거와 증언을 토대로 볼 때 김부식의 반란 진압에는 공무 집행을 넘어서는 면이 있는 것으로 보이나 명확한 증거가 보이지 않으므로 기각한다. 한편 인종도 서경 천도 계획을 접은 뒤 서경에 여러 날 머물며 임금의 마음이 서경 백성들에게서 떠나지 않았다

는 것을 보여 줘 서경 세력을 아우르려는 노력을 했어야 했다. 묘청의 난이 이후 무신의 난이나 이성계의 난으로 이어졌는지, 나라를 약화시키는 계기가 되었는지에 대해서는 확실히 알 수 없다.

비록 본 법정에서 원고 묘청의 고소를 기각하는 판결을 내렸으나, 임금의 자리를 탐해 반란을 일으킨 것이 아니며 피고의 강경 진압으로 반란이 오래 계속된 점에 대해서는 어느 정도 수긍하는 바이다. 그러나 원고 묘청은 자신의 생각에 사로잡혀 임금마저도 좌지우지할 수 있다고 생각해 기고만장했던 것은 아닌지 반성하기 바란다. 또한 도술과 요설로 사람들을 현혹시키고 거짓말과 마술로 사람들의 눈을 가린 것은 아닌지 심사숙고하기 바란다. 원고는 시대적 상황을 파악하고 합리주의적인 답안을 제시한 피고의 관점에서도 세계와 역사를 바라보아야 할 것이다.

역사공화국 한국사법정 담당 판사 정역사

에필로그

"보석보다도 아름다운 고려청자를 직접 보게 되다니!"

'띵동, 띵동.'

"김딴지 변호사님, 계십니까? 역사공화국 패자들의 마을에서 택배가 도착했습니다."

묘청의 서경 천도 운동과 관련한 재판을 마친 김딴지 변호사는 자리에서 쉬고 있었다.

"누구지? 혹시 내 재판을 지켜본 팬이 선물이라도 보낸 건가?"

"변호사님도 참! 가만 보면 왕자병이 있으시다니까요. 네, 들어오시죠. 어떤 물건인가요?"

영혼 택배 배달부가 들고 온 상자 앞에는 '취급 주의'라는 글귀가 선명하게 쓰여 있었다. 나먹보 조수는 양손으로 조심스레 상자를 옮긴 뒤 김딴지 변호사와 함께 상자를 풀었다.

“앗, 눈부셔! 이 아름다운 푸른 빛깔은 도대체 뭐지?”

상자를 열자 모습을 드러낸 것은 다름 아닌 고려 시대의 대표적인 도자기, ‘고려청자’였다.

“변호사님, 이건 바로 보석보다도 아름답다는 고려청자가 아닙니까? 내 눈으로 직접 이 귀한 도자기를 보게 되다니 믿을 수가 없는데요.”

“어디, 나도 한번 보자고. 오호, 송나라 사신이 고려청자를 보고 ‘고려의 비색은 천하 제일’이라고 입에 침이 마르도록 칭찬을 했다고 하더니, 과연 그 말이 사실인 게로군."

영혼 세계에 와서 처음으로 보게 된 고려청자의 모습에 김딴지 변호사와 나먹보 조수는 눈이 휘둥그레졌다.

"에, 이 고려청자로 말할 것 같으면 원래는 중국 송나라의 영향을 받아서 만들기 시작했지만 고려 시대 장인들의 손을 통해 송나라 것보다 훨씬 아름다운 색을 갖추게 되었지."

"변호사님, 아는 체는 그만하시고, 여기 편지가 하나 있는데 읽어 보시죠."

"편지라?"

김딴지 변호사님, 얼마 전 재판을 끝낸 묘청이라오. 재판에서 지는 바람에 나도 마음이 흡족하지만은 않지만, 그래도 힘든 재판이 끝나 날아갈 듯 홀가분하오. 김부식은 나를 '반란의 수괴'라고 비난했지만 내 마음을 헤아리는 방청객과 배심원들도 있어 값진 시간이었다고 생각하오. 물론 이것은 김딴지 변호사의 덕이 컸다는 것을 인정하오. 그래서 내 작은 정성으로 여기 도자기를 보내니 고려의 빛과 색에 취해 보기 바라오.

"흠, 묘청 스님이 재판에서 지고 마음이 꽁해 있지나 않을는지 신경이 쓰였는데, 역시 배포가 큰 인물이군."

"그런데 변호사님, 여기 보니 '지상 세계 대한민국 전라남도 강진행'이라고 쓰인 여행권도 두 장 들어 있는데요."

"여행권이라고? 어, 여기 편지 끝에 무엇이라 적혀 있군."

P.S. 김딴지 변호사님, 고려청자와 함께 도요지로 유명한 지상 세계의 강진이라는 지역을 방문할 수 있는 여행권을 보내니, 고려의 옛 숨결을 한번 느껴 보길 바라오.

도요지
도기를 굽는 가마가 있던 터입니다.

"아, 묘청 스님이 변호사님께 초대권을 보내신 거군요. 그런데 두 장이라면? 바로 나? 이 싹싹하고 일 잘하기로 소문난 나먹보 조수와 함께 여행을 떠나라는 뜻이군요!"

"떡 줄 사람은 생각도 안 하는데 김칫국부터 마시고 있군. 이봐, 나먹보 조수, 먼저 강진이라는 곳부터 좀 찾아보자고."

김딴지 변호사와 나먹보 조수는 여행권을 손에 쥔 채 영혼 세계 정보 통신망을 통해 부지런히 강진에 대한 정보를 찾아보았다.

대한민국 전라남도에 자리하고 있는 강진은 고려 시대에 180개가 넘는 가마가 있던 곳으로 400여 년 동안 고려청자를 만들어 온 대표적인 곳이었다. 토양이 비옥해 도기를 만드는 데 필요한 흙이 풍부하고 기온과 강수량도 적절해 도기를 제작하거나 말리기에도 안성맞춤이라 했다.

"오호, 고려청자를 만들던 강진이라! 이거 정말 기대되는군. 표가 한 장 남으니, 비록 얄미운 적수이긴 하지만 나의 오랜 동료이기도 한 이대로 변호사와 함께 여행을 떠나야겠군."

묘청의 흔적이 남은 천안 봉선홍경사지

천안에 있는 봉선홍경사는 고려 현종 12년인 1021년에 왕의 명을 받고 지어진 절입니다. 당시 이곳은 교통의 요충지였는데 사람을 해치고 물건을 뺏는 강도가 자주 출몰했다고 합니다. 그래서 왕은 강도를 퇴치하기 위해 절을 세울 것을 명하였지요. 이에 200여 칸 규모의 절을 짓고 그 서쪽에 객사 80칸을 세웠다고 합니다. 행인에게 숙소와 양식을 제공하기 위해서 말이죠.

하지만 봉선홍경사는 세워진 지 150여 년 뒤인 1188년에 불타고 맙니다. 공주에서 일어난 망이·망소이의 난 때 벌어진 일이지요. 그래서 지금은 봉선홍경사는 없고 절터에 비갈만 하나 남아 있습니다. 비갈은 비(碑)와 갈(碣)을 아울러 이르는 말로, 사적을 후세에 전하기 위하여 쇠붙이나 돌에 글자를 새겨 세우는 것을 뜻합니다.

이렇게 비갈밖에 남아 있지 않지만 봉선홍경사지는 현재 우리에게 중요한 곳으로 새롭게 자리매김하고 있습니다. 왜냐하면 이 절터가 묘청과 관련된 남한 내 유일한 유적이기 때문입니다. 단재 신채호가 묘청의 서경 천도 운동을 '조선 역사상 1천 년래 제1대사건'으로 평가한 이래 묘청은 사대주의에 맞서 민족의 자주성 회복을 주창했던 이로 평가받고 있기 때문입니다.

그러면 묘청과 봉선홍경사지는 어떤 관련이 있을까요? 『고려사』 권16에 "인종이 즉위 8년에 묘청의 말에 따라 이 절에서 아타파구신 도량을 27일간 개최했다"는 기록이 있습니다. 아타파구신 도량은 재난을 물리치기를 기원하는 법회였습니다. 인종 가까이에서 자주적인 정책을 펼 것을 거듭 간언했던 묘청은 이렇게 봉선홍경사지와 인연을 맺고 있습니다. 절 이름 앞의 '봉선'은 '아버지의 뜻을 받든다'는 의미로 붙인 이름입니다.

앞서 말했듯 현재는 절터에 절의 창건에 관한 기록을 담은 비갈만이 남아 있지요. 국보 제7호로 보호되고 있는 봉선홍경사 경내 사적비로 현존하는 비석 중 가장 완전한 아름다움을 지니고 있습니다. 받침돌의 머리 부분은 용의 모습을 하고 있고, 물고기 지느러미 같은 날개가 머리 양쪽에 새겨진 것이 특징입니다.

찾아가기 충청남도 천안시 성환읍 대홍리

봉선홍경사지

봉선홍경사 비갈

한 걸음 더! 역사 논술

『역사공화국 한국사법정 16 왜 묘청은 서경 천도를 주장했을까?』와 관련한 논술 문제를 풀어 봅시다.

※ 다음 제시문을 읽고 물음에 답하시오.

(가) 고려 17대 왕인 인종이 즉위를 하고 얼마 지나지 않아 문벌 귀족인 이자겸이 난을 일으킵니다. 난은 진압되었으나 왕궁은 불에 타고 정치 기강은 무너졌지요. 당시 신하들은 개경파와 서경파로 나뉘어 있었는데, 서경파의 핵심 인물인 묘청이 수도를 서경으로 옮길 것을 주장합니다.

인종은 묘청의 말에 따라 새로운 성을 짓는 등 서경으로 천도하는 쪽으로 마음이 기울지요. 하지만 묘청이 지나치게 농간을 부리고 이것이 들통나자 민심과 인종의 마음 또한 떠나게 됩니다.

(나) 서경은 지금의 평양으로 고려 태조는 즉위 초부터 서경에 많은 관심을 보였습니다. 기록에 '서경'이라는 명칭이 처음 보인 것은 태조 4년이었고, 이듬해 새로운 행정 기구를 본격적으로 설치하였지요.

–『고려사절요』 중에서

1. (가)는 묘청의 서경 천도 운동에 대한 내용이고, (나)는 서경에 대한 내용입니다. 만약 묘청의 서경 천도 운동이 성공하여 서경으로 천도하였다면 역사는 어떻게 바뀌게 되었을지 쓰시오.

※ 다음 제시문을 읽고 물음에 답하시오.

'칭제 건원'은 왕을 황제로 칭하고 중국의 연호가 아닌 독자적인 연호를 사용하다는 말입니다. 칭제 건원은 진시황이 황제의 권위를 보여 주기 위해 처음 사용한 뒤부터 중국 대륙을 차지한 나라가 기준이 되어 왔습니다. 즉 중국의 왕이 황제이고, 중국에서 연호를 정하였던 것이지요. 여기서 연호는 중국에서 비롯되어 한자를 사용하는 아시아의 군주 국가에서 쓰던 해를 표기하는 방법을 말합니다.

2. 위의 내용은 묘청이 주장한 '칭제 건원'에 대한 내용입니다. 칭제 건원이 자주성을 높이는 데 어떤 관련이 있는지 쓰시오.

해답 1 문벌 귀족이 난을 일으켜 왕위를 위협할 정도로 당시 왕권은 매우 약한 상태였습니다. 그만큼 당시 수도인 개경의 귀족들의 기세가 등등했다고도 볼 수 있지요. 서경으로 천도를 했다면 이러한 개경 세력의 기세를 한풀 꺾을 수 있었을 것입니다. 그래서 좀 더 새로운 형태의 개혁 정치도 이룰 수 있었겠지요. 반면 많은 혼란과 경제적 어려움도 있었을 것입니다. 기존의 수도를 버리고 새로운 수도를 건설하려면 그만큼 많은 돈이 들어야 했을 것이기 때문입니다.

해답 2 고려의 왕이 스스로 황제라 칭하고 독자적인 연호를 쓴다는 것은 고려를 중심으로 하는 세상이 따로 존재한다고 생각한다는 것입니다. 중국이 중심이 아니라는 말이지요. 이렇게 칭제 건원 하게 되면 스스로를 높일 수 있기 때문에 다른 나라와의 관계를 결정하는 부분에서 유리해질 수 있습니다. 특히 금을 세운 여진족이 고려에게 자신을 섬기라고 요구하던 상황에서는 민족의 자존심과도 관련된 부분이었지요.

* 해답은 예시로 제시된 내용입니다.

찾아보기

역사공화국 한국사법정 16

왜 묘청은 서경 천도를 주장했을까?

초 판 1쇄 발행일 2011년 2월 15일
개정판 1쇄 발행일 2014년 5월 30일
개정판 6쇄 발행일 2023년 12월 1일

지은이 이윤섭
그린이 황기홍
펴낸이 정은영

펴낸곳 (주)자음과모음
출판등록 2001년 11월 28일 제2001-000259호
주소 10881 경기도 파주시 회동길 325-20
전화 편집부 (02) 324-2347 경영지원부 (02) 325-6047
팩스 편집부 (02) 324-2348 경영지원부 (02) 2648-1311
이메일 jamoteen@jamobook.com

ISBN 978-89-544-2316-8 (44910)

과학공화국 법정시리즈(전 50권)

생활 속에서 배우는 기상천외한 수학 · 과학 교과서!
수학과 과학을 법정에 세워 '원리'를 밝혀낸다!

이 책은 과학공화국에서 일어나는 사건들과 사건을 다루는 법정 공판을 통해 청소년들에게 과학의 재미에 흠뻑 빠져들게 할 수 있는 기회를 제공한다. 우리 생활 속에서 일어날 만한 우스꽝스럽고도 호기심을 자극하는 사건들을 통하여 청소년들이 자연스럽게 과학의 원리를 깨달으면서 동시에 학습에 대한 흥미를 가질 수 있도록 구성하였다.

물리법정 1 물리의 기초
물리법정 2 물리와 생활
물리법정 3 빛과 전기
물리법정 4 소리와 파동
물리법정 5 여러 가지 힘
물리법정 6 운동의 법칙
물리법정 7 일과 에너지
물리법정 8 유체의 법칙
물리법정 9 현대물리학과 양자론
물리법정 10 상대성 이론

화학법정 1 화학의 기초
화학법정 2 물질의 구성
화학법정 3 물질의 성질
화학법정 4 화학반응
화학법정 5 화학과 생활
화학법정 6 신기한 금속
화학법정 7 여러가지 화합물
화학법정 8 물질의 변화
화학법정 9 음식과 화학
화학법정 10 우리 주변의 화학

생물법정 1 생물의 기초
생물법정 2 동물
생물법정 3 곤충
생물법정 4 인체
생물법정 5 식물
생물법정 6 자극과 반응
생물법정 7 유전과 진화
생물법정 8 신기한 생물
생물법정 9 해양생물
생물법정 10 미생물과 생명과학

지구법정 1 지구과학의 기초
지구법정 2 천문
지구법정 3 날씨
지구법정 4 지표의 변화
지구법정 5 지질시대
지구법정 6 남극과 북극
지구법정 7 화석과 공룡
지구법정 8 별과 우주
지구법정 9 바다 이야기
지구법정 10 이상기후

수학법정 1 수학의 기초
수학법정 2 수와 연산
수학법정 3 도형
수학법정 4 비와 비율
수학법정 5 확률과 통계
수학법정 6 여러 가지 방정식
수학법정 7 여러가지 부등식
수학법정 8 여러가지 수열
수학법정 9 수학퍼즐
수학법정 10 수학의 논리